平尾誠二 人を奮い立たせるリーダーの力

マガジンハウス編

マガジンハウス

GILBERT

見据える視線の先は、目の前のゴールであり、チームの勝利であり、日本ラグビー界の発展だった。若かりし日、日本代表チームのユニホームに身を包む平尾誠二

トライに向けて疾走する——。鍛え抜かれた太ももが生み出すトップスピードは、他の選手たちを圧倒した。1998年、日本ラグビーフットボール選手権大会にて

1990年、第27回ラグビー日本選手権で大学1位の明治大学を38対15で破り優勝した神戸製鋼。トロフィーをもって、チームメイトの大八木淳史らとグラウンドを走る

ボールをつないでトライを目指すラグビーを、自身の信条とした。激しい試合のなかでの優れた状況判断こそ、彼の最大の持ち味だった

34歳の若さで日本代表監督に就任し、1999年のワールドカップでサモア代表、ウェールズ代表、アルゼンチン代表と戦った

ラグビーに対する厳しさだけでなく、人間としての優しさ・寛大さを持ち合わせた平尾誠二という男は、多くの人間を惹きつけた

2008年、神戸製鋼ゼネラル・マネージャー時代。この写真から8年後、平尾誠二はこの世を去ることになる。日本ラグビー界にとってあまりに大きな損失であることは間違いないが、彼が遺した多くの「言葉」は永遠に語り継がれるだろう

2016年10月20日。「ミスターラグビー」としてラグビーファンに愛され続けた平尾誠二氏が、53歳という若さで人生のピッチを去った。

テレビドラマ『スクール☆ウォーズ』のモデルになった山口良治監督率いる伏見工業高校での全国制覇。同志社大学が達成した史上初となる大学選手権3連覇。そして、神戸製鋼の日本選手権7連覇。第2回ラグビーワールドカップにおける日本代表の初勝利。その輝かしい戦歴の中心にいたのは、いつも平尾氏だった。

現役引退後も、日本代表監督、神戸製鋼コベルコスティーラーズ総監督兼任ゼネラルマネージャーを歴任。まさに、ラグビーとともに生きた平尾氏の目の向こうには、いつも日本ラグビー界の未来があった。


本書は、日本ラグビー界、スポーツ界の未来について平尾氏が遺《のこ》してきた言葉のなかから、組織をまとめていく「リーダーの力」というキーワードをテーマに構成したものである。

この言葉の数々は、わたしたち日本人すべてに対する平尾氏からのラストメッセージそのものである。

目次

第2章 強いリーダーをつくる

第3章 強い個を育てる

第4章 強い日本人になる

◆状況判断が加わらないと、本当の意味でのスキルにはならない
◆「精神力」という言葉があまり好きではない
◆根性は必要な要素ではある。ただし、耐えるための根性ではない
◆根性を期待しているうちは、個人の判断力は育たない
◆なにかを変えられたと実感できたら、その人間はひと皮むける
◆日本人はきつくなると自分に言い訳をして力を緩める
◆スポーツの素晴らしさは、できなかったことができるようになることだ
◆イギリスではスポーツ、日本では体育
◆世の中は、公平でも公正でもない
◆不確実なことにこそ、幸せの可能性がある
◆いいときは悲観的に、悪いときは楽観的であれ
◆愛嬌のある人間や素直な人間は、他人の力を引き出すことができる
◆幸せかどうかは、本人が望む通りに生きられるかどうか
◆不安をマイナスとは考えない
◆「なんとかなるさ」という精神が道を拓く
◆不安や怖さを感じるのは、決して恥ずかしいことではない。むしろ当然である
◆不安や弱さが人間を成長させる
◆状況によっては、問題を先送りしてもいい

◆開き直ることも大切だ
◆失敗のなかから学ぶことは、想像以上に多い
◆我慢すんな。押されろ
◆思考や目線の切り換えが、大きなきっかけになる
◆自己の確立は、自分を見つめることからはじまる
◆スピーディーになればなるほど、求められるのは状況判断を速やかに行う能力だ
◆自分に都合よく見れば、ネガティブをポジティブに変えられる
◆「やらなければならないこと」の他に、「やれること」と「やりたいこと」がある
◆「知っている」だけでは、専門性にはならない
◆理屈ではなく、経験そのものが技術につながる
◆「おもしろい」と思えなければ、主体性は芽生えない
◆自分の頭を働かせ、どうしたらいいか考えろ！
◆人間はうえを目指す習性がある
◆人に興味がある。「われ以外みなわが師」

人を叱るときの4つの心得

平尾さん、久しぶり。

相変わらずかっこいいですね。僕は君と同い年です。高校生のときからずっと君に憧れてきました。出会ってからは君のことが大好きになり、そしてものすごく尊敬するようになりました。君は、病気がわかってからさらにかっこよく立派でした。君の病気がわかったとき……それはずいぶんと癌《がん》が進行していて、普通の人だったら呆然《ぼうぜん》としてなにもできないような状態だったと思います。でも、平尾さん、君は最期の瞬間まで病気と闘いましたね。

いろいろな治療を試しました。あるとき平尾さんに「この治療は世界初で、まだ誰もやったことのない治療だから、どんな副作用があるかわからない」と言いました。すると君は、心配するどころか顔がぱっと明るくなって「そうか先生、世界初なんか。けいちゃん(妻・恵子さん)聞いたか？　俺ら、世界初のことやってるんや」。そんなふうに言いましたね。

あるとき、僕が病室を訪れたあと、君はこう言ったらしいですね。
「なんか先生元気なかったなあ。大丈夫かなあ」
平尾さん、君のことが心配だったんです。僕が君を励まし、勇気づけなければならないのに、逆にいつも僕が平尾さんに励まされていました。

君が亡くなる前の日、病室でお会いしましたね。声がなかなか出せず、うまく聞き取ることができませんでした。でも僕が、「平尾さん、もうすぐ孫が生まれておじいちゃんやな」と言ったら、はっきりとわかる声で「まだまだですわ」と、はにかみながらとてもうれしそうに言いました。

それが君との最後の会話になりました。でも僕は、最後の会話がそんな内容だったことをうれしく思っています。

君が元気なとき一緒に飲みに行って、たくさんのことを教えてもらいました。一番心に残っているのは、人を叱るときの4つの心得。そのことを、亡くなってから思い出しました。

プレーは叱っても人格は責めない――

あとで必ずフォローする――

ところがなんということでしょう。どうしてもあとのふたつが思い出せません。どうしてもあとのふたつが、共通の友人に聞いてもわからないのです。平尾さんが、「なんや先生忘れたんか。本当に(ノーベル)賞もろうたんか」と笑いながら言っている声が聞こえてくるようです。

でも2、3日前、ふと「もしかしたらメールにも書いてくれたんちゃうか」と思いました。たくさんもらった君からのメールを、時間をかけて一つひとつ読み返しました。そしたらやっぱり書いていてくれていました。

他人と比較しない――

長時間叱らない――

君のようなリーダーと一緒にプレーでき、一緒に働けた仲間は本当に幸せだったことでしょう。もちろん、僕も君と一緒に過ごせて最高に幸せでした。

平尾さん、ありがとう。そして君の病気を治すことができなくて、本当にごめんなさい。また、きっとどこかで会えると信じています。そのときまでしばらく……。

また会おうな、平尾さん。

2017年2月10日　平尾誠二さんをしのぶ「感謝の集い」から

京都大学iPS細胞研究所所長　山中伸弥

第1章 強い組織をつくる

翌年には東京オリンピックが待ち構える2019年、ここ日本でラグビーのワールドカップが開催される。そういった背景もあり、ラグビー人気が上昇気配を見せている。

起爆剤となったのは、2015年、イングランドで開催された第8回ラグビーワールドカップ2015の「スポーツ史上最大の番狂わせ」だろう。世界ランク3位の南アフリカを相手にラストワンプレーで34対32と逆転した戦いは、テレビ、新聞、インターネットなどの各種メディアで大々的に報じられた。

3勝しながら、南アフリカとスコットランドに勝ち点差で届かず、1次リーグ突破とはならなかったものの、日本中から耳目《じもく》を集めるには十分すぎるインパクトだった。日本代表選手の、その後のメディアでの扱いからもそれは明らかである。

まさに、1980年代のラグビー人気再来の予感である。

その当時、ラグビー人気の中心にいたのが、日本選手権7連覇を達成した新日鉄釜石の松尾雄治と、昨年10月に天国へと旅立った平尾誠二だった。

とりわけ平尾は、端正なルックスと卓越したプレーから幅広い年齢層に支持され、その人気はラグビーという枠を超える存在になっていた。いま40代後半から50代の人たちであれば、

「平尾誠二」という名を知らない人は少ないのではないだろうか。

平尾の名前がラグビーファン以外にも一躍有名になったのは、恩師である伏見工業高校の総監督である山口良治をモデルにしたドラマ『スクール☆ウォーズ』。無名高校の弱小ラグビーチームが、ひとりの教師の赴任から全国優勝を成し遂げるまでの学園ドラマである。ラグビーチームに在籍している選手は、もっぱら落ちこぼれや不良少年。最近のドラマでいえば、野球を題材とした『ROOKIES（ルーキーズ）』である。その不良少年たちをまとめるキャプテン役のモデルだったのが、平尾である。

ラグビー人気が高かった当時は、スポーツファンなら同志社大学の平尾誠二のことは既に知っていたはずである。そこにドラマの大ヒット。そして、その頃、日本ラグビーの頂点に立っていた新日鉄釜石に挑戦する同志社大学という図式は、多くの人間がスタンドに足を運び、試合を放送するテレビの前に釘付けになるには十分な材料だった。

平尾誠二は、紛れもなくラグビー界を代表するスターだった。

しかし、彼は2019年のラグビーワールドカップを地上で見ることなくピッチを去った。

平尾はもういない。けれど、平尾という伝説に憧れてラグビーをはじめた選手、平尾本人が育ててきた選手。そういった彼らが2019年の主役になる。そして、主役となる選手たちを世界と戦えるレベルまで引き上げた指導者は、平尾とともに戦ってきた仲間たちである。

平尾誠二が、世界と戦えるチームとして成長した日本ラグビーの礎を築いたことに異論をはさむ人はいないだろう。それだけ、平尾は日本ラグビーの将来を考えてきた人間である。

平尾が日本代表として桜のジャージに身を包んだのは、同志社大学に進学してからすぐのことである。19歳と4カ月は、当時の最年少記録。彼と日本代表との関係はそこからはじまる。

平尾は選手として、3度のワールドカップに出場した。とくに第2回大会(1991年)のジンバブエ戦では、日本のワールドカップ初勝利に大きく貢献している。日本代表として出場した試合は全部で68試合。そのうちキャップ数(テストマッチと言われる国代表同士の対抗戦出場回数)は35になる。

平尾は、海外チームと試合をする度に、「このままでは日本ラグビーは世界で戦えない」ということを、はっきりと口にしてきた。そしてなにが足りないのか、どうすればいいのか、自分の考えを言葉にして伝えてきた。

その言葉を具体的に実践するチャンスを与えられたのが、34歳のときである。しかし、長期政権と言われていた平尾ジャパンは、4年と持たなかった。

サモア代表　9対43
ウェールズ代表　15対64
アルゼンチン代表　12対33

これが平尾ジャパンの第4回ラグビーワールドカップの成績である。3戦全敗で1次リーグ敗退。その1年後に行われた欧州遠征でアイルランドに大敗したことを受けて、平尾は代表監督の座を引くことになる。

そこで平尾が蒔《ま》いた種が実を結ぶのは、約15年後のことである。

早過ぎた――。これが、平尾の考えや理論に対するラグビー界の一般的な見解である。だからこそ、いまでもその考え方は色褪《あ》せないのである。

個人は「点」、組織は「線」。力強い「点」が多ければ「線」も太くなる

個人と組織は、一見相反する印象を与えるが、決してそうではない。

個人を「点」、組織を、その多くの「点」によってつくられる「線」だとしよう。力強い点が多ければ線も太くなる。そう考えると、組織の強さには点の強さが必要だ。個人の力の集積が、イコール組織・チーム全体の力につながっていくのだ。

チーム・組織として最大限の利益を得られるように、瞬時に個々人が判断を共有し、己が成すべき行動へと即座に移る。その連続が、チームとして、組織として動くことに他ならない。

つまり組織とは本来、個々人が己のもつ技術や創造力を最大限に発揮したところに成り立つものであり、それができる組織こそが強い組織というものだ。

強い組織には強い個が必要なのである。個を個として自立させ、その能力を最大限に引き上げなければ、強い組織はつくれない。

では、どうすれば強い個を獲得できるのか――。そのためにはまず、弱い自分を知ることだ。弱い自分を自覚し、その弱みを強みへと転化することができて、初めて人は強い個を確立することができる。

場所に人を当てはめるのではなく、人に場所を当てはめる

　これまで言われていた適材適所とは、「ふさわしい場所にふさわしい人を当てはめる」という意味合いが強かったと思う。しかしそうではなく、「ふさわしい人にふさわしい場所を当てはめる」という考え方も必要なのではないだろうか。

　もし、ある人間の能力を生かす場所や役割がどうしても見つからない場合は、新しくつくってしまえばいいのだ。逆転の発想だ。

　人材の配置とは、そして適材適所とは、ある意味「数式」として考えればいいのではないか。

　ある人間が大きな数値をもっているとしよう。ところが、マイナスの誰かと掛け合わされるとマイナスの値しか示さない。それなら、その人間は掛け算に入れなければいいのである。他の人間同士のプラス、マイナスをうまく掛け合わせて最大値を出した後で、最後にその人間の数値だけポンと足せばいいのだ。そうすれば、全体値は大きく増えてくる。

　式のなかにそれぞれの人を配置し、掛け合わせたり、足したり引いたりしながら、どうすれば最大限の値が出るのかを考える。そうすれば、おのずと答えは出てくるのである。

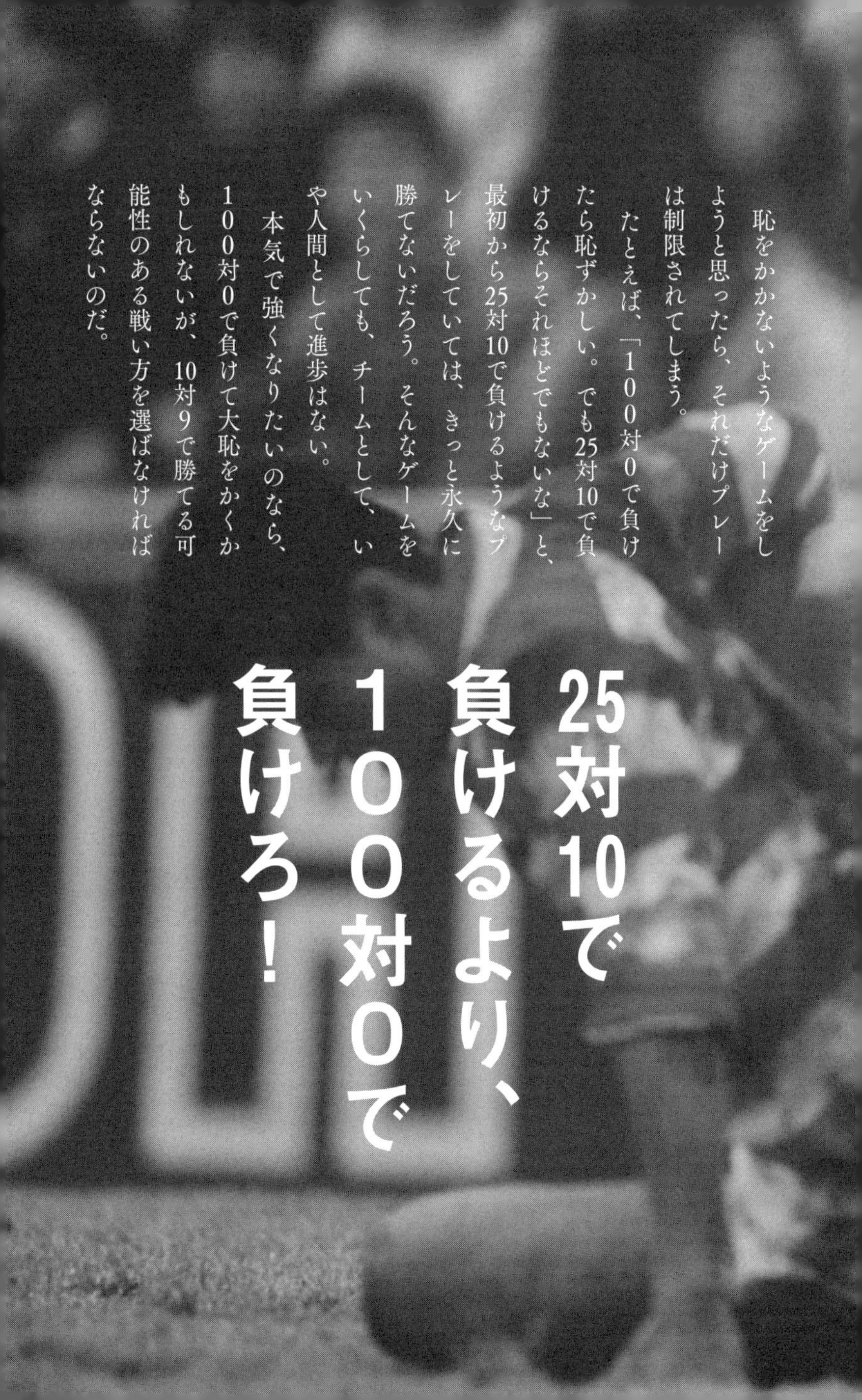

25対10で負けるより、100対0で負けろ！

恥をかかないようなゲームをしようと思ったら、それだけプレーは制限されてしまう。

たとえば、「100対0で負けたら恥ずかしい。でも25対10で負けるならそれほどでもないな」と、最初から25対10で負けるようなプレーをしていては、きっと永久に勝てないだろう。そんなゲームをいくらしても、チームとして、いや人間として進歩はない。

本気で強くなりたいのなら、100対0で負けて大恥をかくかもしれないが、10対9で勝てる可能性のある戦い方を選ばなければならないのだ。

日本人は、集中と分散の使い分けができない

メンタル・タフネス(心の強さ)は、ハングリー精神と重なる部分がかなり大きい。テストマッチなどで発展途上国の選手を見ていると、日本人にはない精神的な強さを感じる。

ただし、ハングリーでメンタル・タフネスだけもっていても、強いチームをつくることはできない。なぜなら、ゲームへの集中力は絶対に必要だし、「絶対に勝つ!」という強い意志がなければ集中力は持続しないからだ。

といって、集中力があればターンオーバー(攻守逆転)のときに、素早い反応ができるのかとなれば、それもまた違う。事実、日本のプレーヤーは集中力だけならかなりある部類に入る。ただ、日本人の場合、集中と分散の使い分けをうまくできる選手が少ないのだ。「ここは流れとしてはリラックスしたほうがいい」という場面でも、ずっと集中し続けてしまう。ゲームには、集中だけでなくときには分散も必要なのだ。

わたしは現役時代、ゲームが中断したときなど、意図的に集中を切って休んでいた。その代わり、選手の顔色やグラウンド状態などその機会でしか得られない情報を集めて、それをもって次のプレーに集中して臨んでいたものだ。

目標を
達成しようとすれば、
規律は自ら
生まれてくる

掲げた目標により早く確実に到達するには、規律が必要だ。それは、規律をつくることで、目標達成の障害となるものを取り除けるからである。だから、自分たちの目標を達成しようとすれば、おのずと「規律」は自ら生まれてくる。

わたしは、「規律とは自由を獲得するためのものだ」と考えている。たとえばビジネスの場合、同じマーケットでシェアを争うライバル企業に勝てば、そのマーケットにおける自由を獲得できる。ライバルに勝つためには効率を上げ、生産性を高めなければならない。そのためにも、規律が必要になるのだ。

つまり、チームや組織の人間がどれだけ真剣に自由を獲得したいのか、目標を達成したいのかが重要なのだ。

全員がそう思えれば、間違いなく規律は生まれてくる。「これだけは守ろう」という暗黙の了解がチームのなかにできていれば、新たに規則など掲げる必要などない。そして、そうした自制心がごく当たり前のものとして生まれるようになれば、そのチームや組織は、より目標に近づくことになる。

レベルの高いプレーには〝遊び〟がある

日本の場合、学生のスポーツ大会のほとんどがトーナメント方式だ。参加校数が多いのもあるだろうが、1回の勝負で負けたらジ・エンド。これで本当に技術が養えるのかどうかと、いつもわたしは疑問に感じている。

トーナメント方式が生み出す緊張から、「負けられない」という勝負勘は養えるだろうが、プレーの幅を広げるような冒険は絶対にできない。プロの技術が高いレベルなのは、試合数もさることながら、学生に比べてプレーに〝遊び〟があるからだ。技術を高めるうえで、この部分はものすごく必要なことではないだろうか。

チームとしての目標と、個人の目的に接点をもたせる

個人個人が自立した集団は、互いに好影響を与え合うものである。「気心が知れているから」という協調の関係性とは異なり、それぞれが互いを尊敬しているからこそチームプレーは生きるのだ。

チームづくりのうえで重要なことは、チームとしての目標と個人の目的に接点をもたせること。

チームの目標は、もちろん勝つことにある。これが個人の目的や目標もチームが勝つことになってしまうと、個人は滅私奉公的にチームに尽くすだけで、プレーからは活力が殺されてしまう。

個人には、必ずチームでプレーをするうえでの目的がある。つまり、ラグビーの場合なら、15人いれば15通りの目的があるのだ。それをまずは、チームが許容する。その後に、「勝つ」ということが共通の目標なのだとあらためて意識統一する。これがとても重要だ。

そしてまた、勝つことを経験するとチームで感動を共有できる。そうすると、またその感動を味わいたくなるのが人間というものであり、結果としてチームワークが生まれるということも忘れてはならない。

システムには
必ず限界がある

日本では、攻守のフォーメーションや誰をどのポジションで起用するかなどの戦術について、すぐに批評家やメディアが「今回の戦い方は、このシステムで良かったのか」などと評論をはじめる。もちろんそれも必要なことだが、機能していないシステムでも、別の選手に交代した途端、機能しはじめることもよくあることだ。それほどシステムというのは、「絶対的なものではない」とわたしは思っている。

しかし、日本のチーム競技のほとんどが、「システムがなんとかしてくれる」と考えているところがある。システムありきで物事を考えているから、それこそ監督の役目はシステムをつくることだと思っているほどだ。いいシステムをつくれなければ、いい監督ではないという評価さえある。

しかし、はっきり言えばシステムには限界がある。なぜなら、組織を構成する個によってシステムは変わってしまうからだ。そして皮肉にも、いい個が集まったら黙っていてもいいシステム、いい戦略が組めてしまうのである。

補欠をつくることが、
日本のスポーツにおける
いちばんいけないところだ

日本のスポーツにおける欠陥とは、どこにあるのか？

それは補欠をつくることだ。補欠をつくることが、日本のスポーツのいちばんいけないところだと、わたしはいつも思ってきた。

日本のスポーツ界には、〝補欠〟の美学とでも呼ぶべきものが確立されていて、「補欠でもいいのだ」という考え方さえある。

それはたとえば、「補欠で下積みをした人間は、苦労を経験しているから忍耐強くなれる。だからレギュラーじゃなくてもいい」という風潮だ。それならば、スポーツ以外の修行先でもできる。

スポーツには、ゲームでしか体験することができないものがたくさんある。スポーツの楽しさはもちろんのこと、ゲーム中の人間同士のさまざまな関係を理解したり、瞬時に判断すること、またそれをどうメンバーに伝えてゲームを進めていけばいいのかを考えたりすることだ。それらは社会で直面する事柄と同じであり、実社会の厳しさに通じるものがある。もっと言えば、それらはゲームを通じてしか知ることができない。

だから、補欠で忍耐力を養うことよりも、全員がゲームに参加できるしつらえをつくることのほうが大事なのである。

友だち化は、緊張感を失わせる

わたしが選手だった頃の同志社大学ラグビー部は、規律が強いときより自由度が高まったときのほうがパフォーマンスを発揮した。そのためか、その後の同志社大学の選手たちは、「自由であればあるほど強くなる」と錯覚してしまったようだ。結果、なんでも自由に言い合える関係と「馴《な》れ合い」を誤解してしまった。つまり、「友だち化」してしまったのである。

個人にしろチームにしろ、もてる力を存分に発揮するには、緊張感は欠かすことのできないものだ。

リーダーを神格化してはいけない

日本人はリーダーを神格化する傾向があるが、神格化など意味をもたず、それよりもある目標に対して誰を軸に置くかを考えるべきだ。

たとえば、ある仕事を長いスパンで見なければならない場合、その期間で立ち上げる各プロジェクトによって、その都度、リーダーは変わるはずだ。プロジェクトが変われば、その中身の質も変わり求められるリーダーも必然的に変わるものである。だから、どんな仕事でもリーダーありきで物事を考えるべきではない。

理想の実現を支えるのは、
夢への熱い思いだ！

選手が無意識レベルでつながれば、チームがいまなにをしようとしているのか瞬時に理解し反応できるようになる。そういうチームであれば、危機を最小限に食い止め、チャンスを最大限に生かすことができるだろう。

だが、これはあくまでも理想であり、理想を口にするのは簡単だ。その理想を実現するのは、口にすることより数十倍、数百倍も大変なことである。高みに登るということは、階段を一段つくっては上がり、また一段つくっては上がっていくことの繰り返しである。この地道な作業を支えるのは、「誰も見たことのない風景を見る」という夢への熱い思いに他ならない。

主体性をもった
個人が
つくっていくのが
チームだ

日本人はチームプレーが得意というイメージがあるが、本当にそうだろうか？　わたしは、むしろ優れた個人技はあっても、それを瞬間的に結びつけるチームプレーが下手なのではないか、とさえ思っている。

日本が得意とするチームプレーとは、優れた個人技を融合してできあがったものではない。フォーメーションありきで、そこに個人を当てはめていく、つまり型に合わせて個人が練習していくものである。だからマニュアルがあれば判断できるが、マニュアルにはない事態になったときにどう対処してよいかわからない。

個人の主体性よりもチームの協調性が重視される日本――このスタイルには、もう限界がきている。

チームワークを協調性だけで成り立たせようとすれば、出る杭は打たれる。そうなると、隣の人を見ながら自分のポジションを決めていくことになる。

わたしは、主体性をもった個人がつくっていくのがチームだと考える。だから、チームは日一日と進歩する。チームの各セクションが主体性をもっているからこそ、柔軟性のある対処・対応能力がついてくるのだ。

自由を行使するためには、厳しい自己節制が要求される

チームとして行動する場合、守るべきルールや秩序は絶対に必要だ。

しかし一方で、ルールや秩序に個人が縛られ過ぎてしまっては、うまくチームは機能しない。自分の存在が単なる歯車のひとつとしか感じなければ、モチベーションは下がってしまうだろう。

自発的なモチベーションとは、なにかを強要されている状態では芽生えにくく、自由がなければ生まれ得ない。

つまり、チームとして目指す目標は共有しつつ、個人個人がある程度自由に生き生きと物事に取り組める、そのバランスがチームのパフォーマンスを最大限に発揮するためには重要なのだ。

自由を行使するには、おのずと厳しい自己節制が要求される。それがなければ、単なる「好き勝手」でしかないのではないか。

本当の意味で自由を謳歌《おうか》するには、自分を自分でマネジメントすることに尽きる。そして、そこでは自由と規律がつねにせめぎ合っているものである。

人間同士の組み合わせは、単純な足し算で答えが出るものではない

個々の選手の能力は、さまざまなデータやプレーから推測できる。そのデータからは、「この選手とあの選手を組み合わせたら、きっとすごいプレーが生まれるのではないか」「こういうオプションがあるのではないか」と新しい可能性も生まれる。しかし、人間同士の組み合わせは単純な足し算で答えが出るものではない。

能力が優れている選手同士を組ませてうまくいかない場合もあれば、逆に、能力はそれほどでもないのに、別の選手と組ませたら見事なプレーをする場合もあるから不思議なものである。

ミスをカバーするのがチームワークではない。ミスをしないことが、チームワークだ

日本では、ミスをカバーし合うことがチームワークだと考えている人が多い。ミスをカバーすることは、リスクに対して掛ける保険でしかないとわたしは思うし、リスクヘッジだけではゲームに勝つことなどできない。

ミスをしないことがチームワーク。この考え方を徹底しなければ、「ミスは起こり得るもの」「カバーは誰かがしてくれるもの」という安易な妥協が生まれてくる。つまり、ミスはプレーの精度がないから起こるのだ。勝つための戦術の基本とは、ミスをなくすことにある。

完成度の高いチームは、関わるすべての人間が「チームは自分のもの」と答える

フランスのファッションデザイナーであるクリスチャン・ディオールが「もっとも完成度の高い服とは？」との質問を受けて、こう答えていた。

「デザイナー、パタンナー、縫い子、販売員、消費者、それぞれに『この服は誰のものか？』と訊ねられたとき、全員が『わたしのもの』と答えた服。それが、もっとも完成度の高い服である」

チームや組織とはそういうものではないだろうか。関わるすべての人間が、「チームは自分のもの」と答えられるチームは間違いなくの完成度の高いチームである。

「勝ちたい」と
「負けてはいけない」。
似ているようだが、
まったく違う

現役時代のわたしは、どんな試合であっても「勝ちたい」と強く願っていた。だが、「負けてはいけない」とはまったく考えなかった。「勝ちたい」と思い続けたからこそ、勝ち続けることができたのだといまでも信じている。「勝ちたい」と「負けてはいけない」。このふたつは似ているようだが、まったく違う意味をもつ。

「勝ちたい」が本人の内側から沸き起こってくる気持ち、すなわち内発的モチベーションであるのに対して、「負けてはいけない」は負けることによって自分を取り巻く状況が変わってしまうことに対する恐れから生じる思いである。いわゆる、外圧的モチベーションに起因しているものだ。その差が自然とプレーの選択に出ることは、改めて言うまでもないだろう。

ゲームとは、いかに相手の選択肢を少なくさせるかのせめぎ合いである。「負けてはいけない」と思うと消極的なプレーを選択し、考えも手堅くなる。そうなると相手にプレーを読まれやすくなり、選択肢が狭まってしまう。これに対して、「勝ちたい」と思えば、どんな状況でも突破口を見出そうと勝つ方法を懸命に探り、選択肢を広げていくのである。

『平尾ジャパン』
という言い方は好きじゃない。
たかが監督やんか

「最年少の日本代表監督※」と言われるのはある種の賛辞だと思う。ただ、『平尾ジャパン』という言い方は好きじゃない。「たかが監督やんか」というのがわたしの考え方——。

実際に動くのは選手であり、監督の仕事は、その30分の1、40分の1でしかない。代表が強くなることはうれしいことだ。ならば、選手のほうがもっと評価されてもいい。

組織とは、決して監督やコーチがつくるものではない。得てしてトップダウンでつくられた組織は一見強固に見えても、選手のやる気が伴っていないことが多々あり、案外脆《もろ》いものだ。組織が選手をつくるのではない。選手が組織を動かし、つくり出していった結果、変化に対応可能な柔軟な組織が生まれるのだ。

※1997年、平尾は史上最年少でラグビー日本代表監督に就任する。その後、2000年まで指揮を執った

人生は辛いときや、
悲しいときばかりではない。
仲間とともに
耐え忍んだ先に未来がある

岩手県の釜石市には、あえて東日本大震災の翌年に行った。※発生直後はいろいろな物資が届く。しかし、ある時点で止まってしまう。これはわたしたちが阪神・淡路大震災を経験したことでわかったことであり、そのときに受けた支援がとてもうれしかったからだ。

津波はすべてを流し去り、1年経っても瓦礫《がれき》が山積みになっていた。その処理を手伝いながら、津波の恐ろしさを実感した。

いまはまだ向かい風――ラグビーも向かい風のときは、失点を少なくしながら耐えるしかない。だが、ずっと向かい風はあり得ない。いつかきっと追い風が吹くし、追い風が吹いたときには、帆を張ってその風に乗っていけばいい。

かつての震災から立ち上がった神戸の街には、それまでなかった一体感を感じるようになった。人生は辛いときや、悲しいときばかりではない。仲間とともに耐え忍んだ先に未来はある。わたしはそう信じている。

※阪神・淡路大震災が起きたのは、平尾が所属していた神戸製鋼ラグビー部が新日鉄釜石に並ぶ日本選手権7連覇を達成してから2日後のことだった。被災チームだからこそわかる思いがあると、神戸製鋼は新日鉄釜石の流れをくむ釜石シーウェイブスと合同練習を行ったり、ラグビースクールを開いたりするなど、継続的に支援している

第2章 強いリーダーをつくる

「主将は平尾しかいない」

これは、平尾のラグビー人生がはじまった京都市立陶化《とうか》中学校ラグビー部の監督だった、寺本義明の言葉である。

「入学した頃から、この子が3年になったらキャプテンだ」

これは、伏見工業高校ラグビー部の総監督である、山口良治の言葉である。

平尾の恩師であるふたりの監督は、入学当初から平尾のリーダーシップとしての資質を見抜いていたのである。ラグビーをプレーするということにおける資質は平尾と同等か、それ以上の選手がいたにも関わらずだ。

ふたりの監督は、平尾が自分で考えられる人間であることに気づいていた。これは、いまのスポーツ界では当たり前のことだが、ひとむかし前までは、指導者に対して絶対的に従うのが主流。指示されれば、歯を食いしばってどこまでも頑張れるが、指示がなければ自分から動けない。

それが体育会のいいところでもあり、悪いところでもあった。

平尾自身は、高校の頃から、その感覚に違和感を覚えていたようだ。

「伏見工業高校で体験した体育会のノリにはカルチャーショックでした。1年生のときは何度も辞めようと考えました」とインタビューに答えている。

自分で考えられるからこそ、自分の言葉にして、相手に伝えられる。これが、ふたりの監督が平尾を高く評価した点である。さらに、彼は人一倍努力家だったという。その姿勢が多くの仲間を彼のもとに惹《ひ》きつけていったのだろう。

平尾をリーダーとしたチームは次々に結果を残していった。

伏見工業高校時代は、それまでの弱小チームが初めて全国高校大会に出場するだけでなく、翌年には一気に頂点まで駆け上がることになる。同志社大学では史上初の大学選手権3連覇を達成。神戸製鋼では、新日鉄釜石に並ぶ日本選手権7連覇という偉業を成し遂げる。

平尾がゲームキャプテンを務めて負けた国内の試合は、同志社大学時代に新日鉄釜石に敗れた1試合のみというから驚きである。

そんなリーダーとして結果を残してきた平尾だからこそ、語れるリーダー論がある。

それが、「強いリーダーをつくる」言葉の数々である。

支配型・強権型
リーダーシップでは、
10番になれても、
1番にはなれない

日本の強豪チームのなかには、競技を問わず、いまでも支配型・強権型リーダーシップの指導者のもとで、選手たちを鍛える練習法を採用しているところがある。

わたし自身、成長過程のある一時期にはそういうやり方も必要だと感じるし、その練習法で成果が出れば喜びを見出すことができ、なによりも大きな自信につながると思っている。

しかし、そういう支配型・強権型リーダーシップのもとで選手たちを鍛えるやり方一辺倒では、10番になれても、絶対に1番にはなれない。これは断言してもいい。

もし1番になれたとすれば、それは市場が未成熟だったからに過ぎない。市場が未成熟とは、参入しているチーム数が少ないだけでなく、戦略や戦術の研究が進んでおらず、練習に科学的視点が欠けているという状況である。

しかしながら、市場が成熟してしまえば1番になることは不可能になる。なぜなら、支配型・強権型のリーダーシップのもとでは、選手が自主的に考え、判断し、行動する機会を奪っているからである。

場面、場面によって、リーダーは替わってもいい

いまの世の中、ひとりのリーダーにできることなどたかが知れている。ましてや、トップダウンですべてに対応することなど不可能だ。ならば、場面、場面によって、リーダーは替わってもいいのではないだろうか。

その状況にもっともふさわしい人間、そのときどきで最高の力を発揮できる人間がリーダーシップをとる。そして、そのリーダーのもとで、選手や部下が自ら考え、行動し、互いに連携して問題を解決しながら、より良いものをつくりあげていけばいい。

そうした状況下で組織を束ねる人間に求められるのは、強いリーダーシップではない。ましてや、リーダーが組織のメンバーに奉仕し、支援しながら目標達成に導くという奉仕型のリーダーシップでもない。それは第3のリーダーシップとも呼ぶべき、「巻き込み型」のリーダーシップなのではないか、とわたしは思っている。

明確なビジョンを打ち出し、それを全員に理解させ各現場のリーダーに裁量を与えたうえで、組織全体が目指す方向からずれないよう求心力をもって統率しマネジメントしていく。そういうリーダーシップが求められているのではないだろうか。

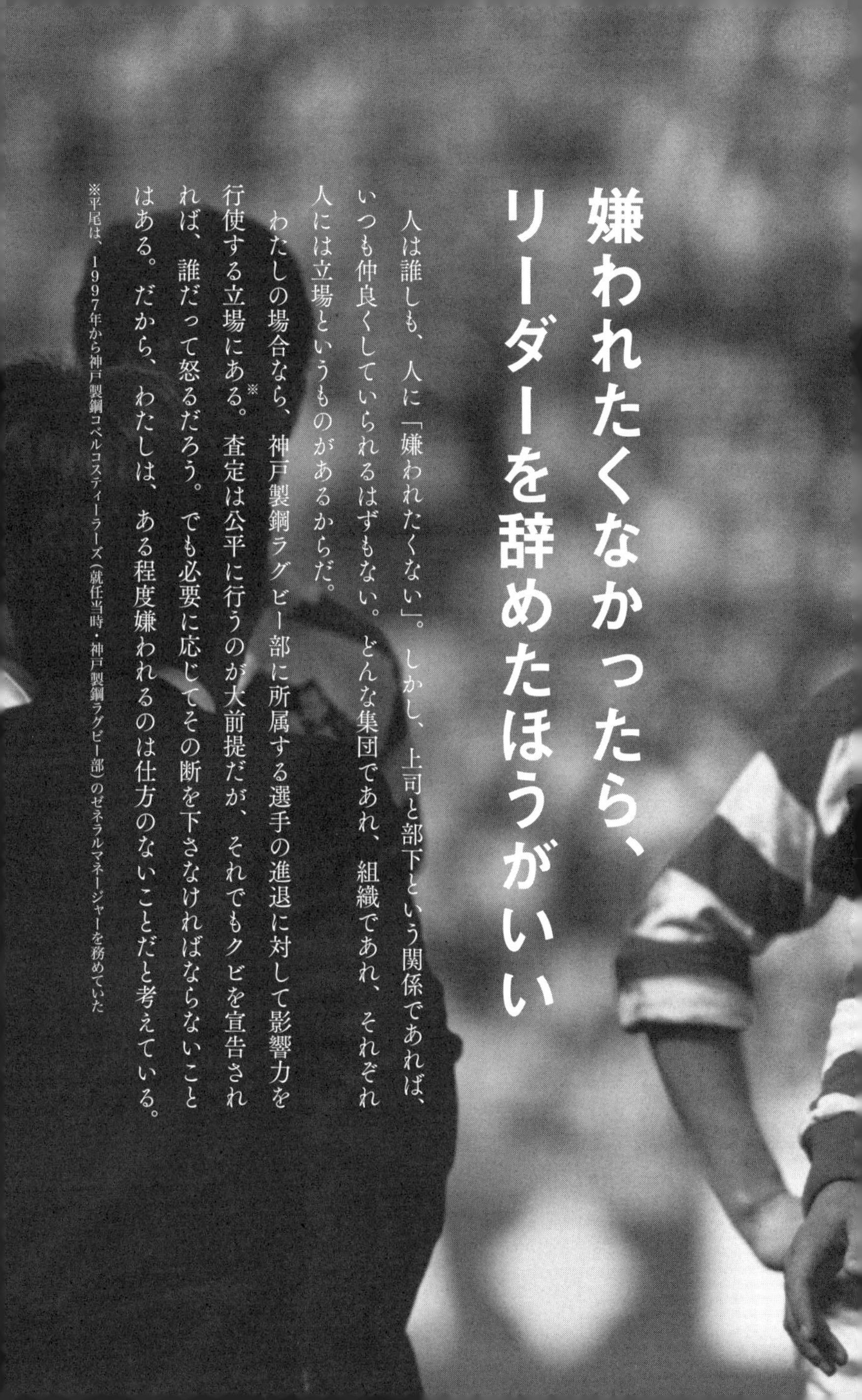

嫌われたくなかったら、リーダーを辞めたほうがいい

人は誰しも、人に「嫌われたくない」。しかし、上司と部下という関係であれば、いつも仲良くしていられるはずもない。どんな集団であれ、組織であれ、それぞれ人には立場というものがあるからだ。

わたしの場合なら、神戸製鋼ラグビー部に所属する選手の進退に対して影響力を行使する立場にある。※ 査定は公平に行うのが大前提だが、それでもクビを宣告されれば、誰だって怒るだろう。でも必要に応じてその断を下さなければならないことはある。だから、わたしは、ある程度嫌われるのは仕方のないことだと考えている。

※平尾は、1997年から神戸製鋼コベルコスティーラーズ（就任当時・神戸製鋼ラグビー部）のゼネラルマネージャーを務めていた

リーダーシップの質は、求心力のレベルにある

少子高齢化により日本の将来が不安視されるなか、政府はいかに経済を成長させるかに躍起になっている。特区をつくる、法人税を下げる、成果主義を導入させる、クールジャパンをアピールするなど、それぞれの方法もそれなりに成果はあるのだろう。

しかし、そのなかで働く個人一人ひとりの力が萎えてしまっては、どんな政策を講じようとも絵に描いた餅にしかならない。政策を実行すると同時に、個人がもつ力を最大限発揮させるような環境をつくる必要があるのではないか、とわたしは思っている。

個人の能力を拡大し、生産性を高め、それらを組織として結集させることができれば、たとえ人口が減ろうとも経済成長に大きなプラスをもたらすはずである。

いまの時代、リーダーたる立場にある人間は、いかに組織の人間の力を拡大し、結集させるかを考えなければならない。そのためのリーダーシップのあり方として有効だと考えるのが、従来の支配型・強権型でもなく、奉仕型でもない、己の求心力を核としたリーダーシップなのだと思う。

ミステリアスな部分が、自分の存在や発言に重みをもたせる

リーダーが自分の存在や発言に重みをもたせるためには、ミステリアスな部分を残しておく必要がある。「この人は、ときに想定外の答えを出す」というような印象を与えておくべきだ。

ある程度自分を曝《さら》け出すことは必要だ。しかしすべてを曝け出し、考えていることをなんでも説明してしまうのは逆効果しか招かない。

自分のすべてを曝け出すことは、言い換えれば自分の思考回路を明らかにすることを意味する。

すなわち、「こう訊《き》いたら、こういう答えが返ってくる」と相手にわかってしまうのだ。そうなれば、訊く側の緊張感はどうしても薄くなってしまう。

「今度はどんなことを言ってくるのだろう？」

そう思わせると、相手は真剣に話を聞こうとする。質問する側も答える側も、なにを訊き、なにを言うべきか、おのずと深く考えざるを得なくなり、いつも思考を研ぎ澄ませなくてはならなくなる。

そうした習慣と能力は、馴れ合いになってしまった関係のなかからは生まれない。

リーダーは、ときに自分が立てたストーリーを変更しなければならない

ゲームが想定通りに進むのは稀《まれ》なことだ。どんなに準備をしてシミュレーションを重ねても、必ず想定外の事態は起こる。それにも関わらず、リーダーがあらかじめ立てたストーリーにこだわり続けたらどうなるか——結果は、相手の思うつぼにハマるだけだ。

リーダーは、状況に応じて、自分が立てたストーリーを修正していかなければならない。リーダーがその作業を即座に、躊躇《ちゅうちょ》なく、かつ的確にできるかどうかが勝敗の行方を大きく左右するのだ。

コミュニケーションは、「量」ではなく「質」である

コミュニケーションとは、いわばライブのようなものである。

相手の反応を取り込みながら、退屈そうに見えたら興味を惹くような話をしなければならないし、場合によってはその場から早々に切り上げることも必要かもしれない。相手が理解してないと感じたら、もう一度言葉を変えて説明し直す。あるいは興味をもったように見えたのなら、そこにもうひとつ印象的な言葉を継ぎ足し、さらに関心を深めてもらえるように仕向ける。

留意すべきは、「量」ではなく「質」にこだわることだ。

リーダーには、美学が必要である

チームとして何事かを成し遂げようとするのなら、メンバーがリーダーの美学を共有していなければならない。また、リーダーの美学をメンバーが「かっこいい」と感じなければ、メンバーに参画意欲は生まれないだろう。

リーダーがなにを美学としているのか——それが、チーム力を大きく左右する。だからこそ、リーダーはつねに人間性を高め、自らの美学を研ぎ澄ませなければならないのである。

リーダーの本来の仕事とは、競争相手と闘うことである

リーダーがキャパシティを広く、深くもち、部下の良い部分を引き出してやれば、部下には自信と主体性が生まれ、同時に自分の存在価値も感じられるようになる。部下は自分と組織が一体化することで、組織に対する忠誠心が高まっていくのだ。

そうなってくれれば、リーダーは部下を細かく管理する必要が減る。管理しなくても、組織が目標に向かって自動的に動いていくからである。

しかし日本では、マネジメントとは管理することだと捉えられていることが多い。管理能力が高いほど、マネジメント能力に優れていると評価されるのだ。

リーダーの立場にある人間は、部下の管理にはできる限り力は使わないほうがいい。なぜなら、リーダーの本来の仕事とは、組織の「外」、すなわち競争相手と闘うことだからだ。「内」を管理するために時間と労力を費やしてしまっては、外部と闘うための力が削《そ》がれてしまう。

にも関わらず、多くの日本の組織ではリーダーは内部との闘いにばかり目を向けている。それが組織自体を収縮させ、パワーを失わせていることにそろそろ気づかなければならない。

媚《こ》びない、キレない、意地を張らない

キャプテンとしてもがき苦しんだ伏見工業高校時代の体験を通して、わたしはリーダーが備えるべき条件を学んだ。それが、「媚びない、キレない、意地を張らない」の3つだ。

媚びるとは、自分に確固たる意志と自信がないということ。自分なりの尺度や考えがないから、他人と衝突するとすぐに不安になり、妥協してしまう。周囲への迎合やすり寄りは、状況をなにも変えない。

また、キレることは一瞬の鬱憤《うっぷん》を晴らしているだけで、事態は好転するどころか悪化させてしまう場合が多い。

それから、意地を張らない。「媚びない」と矛盾するのではないかと思われるかもしれないが、わたしの解釈は異なる。媚びないとは、「自分の信ずるところを見失わないこと」であるのに対し、意地を張るのは「無理やり我を通す」ことだからだ。また、意地を張らないとは妥協することではない。わたしから言えば、折り合いをつけることであり、我慢に近いものである。

妥協は、さらなる妥協を生む。しかし折り合いはそうはならない。折り合えば、新たなスタートを切ることができるからだ。

コミュニケーションの頻度を高めることが、コミュニケーションを深めるとは限らない

SNSの広がりによって、直接顔を合わせて会話する機会が急激に少なくなってきている。近年、コミュニケーションの重要性が問われているのは、このような状況と無縁ではないはずだ。

しかし、わたしは「とにかくコミュニケーションの機会を増やせばいい」という短絡的な考えは、大間違いだと思っている。

わたしが神戸製鋼ラグビー部でキャプテンを務めていた時代、他の選手とは一線を画していた。なぜか？　日頃からコミュニケーションを密に取り過ぎていると、肝心なときに伝えたいこと、伝えなければならないことが十分には伝わらない、言葉が求心力をもち得ないと感じていたからだ。

普段、あまりしゃべらなくても、たまに発するひと言が聞く者の心を捉える人がいる。そういう人の発する言葉には、あまりしゃべらないからこそ言葉に重みがある。

逆に、コミュニケーションをとろうとどうでもいいことばかり話していては、言葉のもつ重みが軽くなってしまう。コミュニケーションの頻度を高めることが、コミュニケーションを深めるとは限らないのだ。

人を奮い立たせることができるのは、リーダーの言葉しかない

リーダーの強い意志が十分に伝われば、リーダーを信じて邁《まい》進《しん》し、たとえそれが間違った判断でも成功する可能性は高くなる。逆に選手がリーダーの下した判断を疑ってしまうと、それが正しい判断でも失敗することもある。

強い意志を選手に感じさせるとは、つまり、自分のもつ「熱」を伝えることである。人を奮い立たせることができるのは、そのリーダーの言葉しかないのだ。

聞く側を共感させることが、行動の原動力になる

なぜコミュニケーションが必要なのか——それは互いの意思疎通を図るためである。

そのためには、話す側には話したいこと、話すべきことがあって、片や聞く側は聞く態度が整っていなければいけない。それで初めて意思の疎通が可能となり、意味をもつことになる。

なにかを連絡したり、確認したりするだけなら、わざわざ会議やミーティングの場をつくり、全員が顔をつき合わせる必要はない。必要事項が書かれた紙を配れば済むし、メールを使えばもっと簡単だ。にも関わらず、あえて時間をとって会議やミーティングを行うのは、読んでもらうだけでは伝えきれないことを補うためである。

重要な情報を頭に叩き込み、共有し、あるいは懸案事項について互いに意見をぶつけ合う。そして目標を達成するために、集まった全員が主体的に行動することを促す。

読んで知るだけではなく、理解し、行動を起こすよう仕向けることが、会議やミーティングをする意味である。そのためには、聞く側を共感させる必要がある。それこそが、行動の原動力になるのだ。

異質な人間を取り入れられるだけの許容力をもて！

度量のないリーダーは、自分と波長の合わない人間、自分の意見と異なる人間や従おうとしない人間を排除しようとする。そういう人たちの言うことに耳を傾けないばかりか、初めから聞く耳すらもとうとしない。その結果、友だちばかりを周囲に集めて悦に入る、というようなことも起こりかねない。

誰だって、自分の考えが否定されたり、反対されたりしたら、気分は良くない。だからといって、自分と同じ考えをもつ人間、同調する人間ばかりを集めることは、組織にとってもリーダーにとっても良くない。

現代社会において求められるリーダーの資質のひとつは、キャパシティ（許容力）であるとわたしは思っている。異質なものやいびつなもの、対立するものを排除するのではなく、取り込んでいく力。そして、キャパシティとは、大局的な損得勘定をもっているかどうかということでもあるのだ。

損得勘定という言葉には、あまり良い印象をもたないことだろう。しかし、集中力、決断力、思考力の根底にあるものは、究極的には損か得かである。個人的なレベルではなく、組織にとって最大の利益を生むかどうかという視点に立って損得を判断することが大切なのだ。

いかなる
立場であろうと、
互いのポジションには
適切な距離がある

どんな集団であれ、組織であれ、それぞれの人には立場というものがあり、いかなる立場であろうと、互いのポジションの間には、おのずと適切な距離というものがある。

それを無視して、いたずらにコミュニケーションを図ろうとしても、逆に距離感を広げる結果にしかならない。

適切な距離感を身につけるには、自分の言葉に対する周囲の反応を観察し、彼らがなにを考えているか、どういう状態にあるのかを感じ取りながら自分で探していくしかない。

心地よい距離感がつかめたからといって、それは絶対ではない。定位置など存在しないのだ。

時間とともに個人も組織も変化する。成熟してきたことを感じたら、あえて距離を広げ、各自の裁量を多くとったほうがいいし、逆にそのことで組織全体にブレが生じたら、もう一度距離を縮めたほうがいい。

そのためにも組織とそれを構成する個人が、いかなる状態にあるかをつねに感じ取りながら、距離感を保っていくことが重要なのである。そこには、感じる力が不可欠である。

相手や状況に応じて、ホンネとタテマエは使い分けてしかるべきだ

「今日はホンネで話そう」と言われたからといって、単なる悪口を吐いてしまえばどうなるのか。相手は決していい気持ちはしないし、とても嫌な雰囲気になる。

つまり、たとえ無礼講と言われても礼儀は要求されるものであり、相手や状況に応じてホンネとタテマエは使い分けてしかるべきなのである。

この相手には——この状況では——どこまで口に出していいのか？　誰かとコミュニケートする際、つねにこのことを意識し、判断しなければならない。

また、「こう感じてもらいたい」「こういう発言を引き出したい」ならば、どのような言い方が効果的なのかも考えておく必要がある。そして、ホンネを言わせたいのなら、あくまでも、そのことによって状況が良い方向に進むように仕向けなければ意味がない。

なんのために人とコミュニケートするのか。その目的を見失ってはいけない。

もっとも遠くにいる人間に向かって話せ！

日本代表の監督時代、選手全員に話をする際わたしが気をつけていたのが、もっとも遠くにいる人間に向かって話すことだった。物理的な距離はもちろん、心情的にも、わたしからもっとも遠いところにいる選手に焦点を合わせて話すのである。

話しやすいからと、自分のことを理解してくれる人間に向かって話しかけてしまう人は意外と多い。しかし、それでは全員に言葉を届けることはできないのだ。

リーダーに求められているのは説得力ではなく、洞察力である

情報化が進み、個人の価値観が多様化している現代社会では、物事の感じ方や捉え方が一元化されることなどあり得ない。いまの時代、リーダーだけの判断基準で、組織の人間すべてを従わせることなどできるわけがないのだ。

その意味では、いまのリーダーに求められているのは、説得力ではなく洞察力なのかもしれない。すなわち、個々がもっている人間性や興味の対象、嗜好《しこう》性といったものを的確につかむ力が必要なのだ。

話す内容が深く、正しく、説得力があっても、それだけでそのリーダーに人はついていこうとは思わない。なぜなら、人間の価値基準は「正しいかどうか」だけではないからだ。それよりも、人は強く興味を抱かせるという意味でのおもしろさに敏感に反応する。

もっと言えば、自分のもつ可能性や創造力を引き出してくれるリーダーかどうかに反応するのである。

おもしろいことや興味のあることは人それぞれ異なる。だからこそ、その人が求めているものはなにかを探る洞察力が大切だ。そして、そのために必要なことが適切なコミュニケーションである。

ラグビーにも会社にも、3タイプのリーダーが必要である

ラグビーというゲームには、3人のリーダーが必要だと思っている。ひとりは、チームのまとめ役としてのチームリーダー。もうひとりは、試合中にチームを引っ張るゲームリーダー。これは、職場にも言えることだ。

ゲームリーダーには、ゲーム展開の先読み、駆け引きができて、他の選手が気づかないところに気づき、それを周りに指示できることが求められる。そういう意味では、多少ずるいところがあってもいろいろな駆け引きができる人間でなければならない。

そして3人目が、イメージリーダーだ。チームの作戦会議などで、見方によっては無責任でも「こんなことをしたらおもしろいのでは？」と、なにかとアイデアを提案するタイプである。

つまり、リスクなしで好きなことを言うのがイメージリーダー、そのアイデアを「おもしろそうだから、やってみようか！」と決めるのがゲームリーダー。その決めたことをみんなに、「やるぞ！」と納得させていくのがチームリーダーというわけである。

理論家は近く、情熱家は遠く

リーダーの思いが相手に伝わるのかどうかは、相手との適切な距離感にある。

自分を、「理の人間」と考えている人、思われている人は、自分の声よりも自分の心の奮えが相手に伝わっているのかどうかを意識することが大切だ。逆に、「情熱の人間」と思っている人、見られている人は客観性をもって自分の声を聞くことを心がけたほうがいい。

理論家は、自分が適切だと思う距離よりも近づき、情熱家はあえて距離をとったほうが相手との適度な距離感が維持できる。

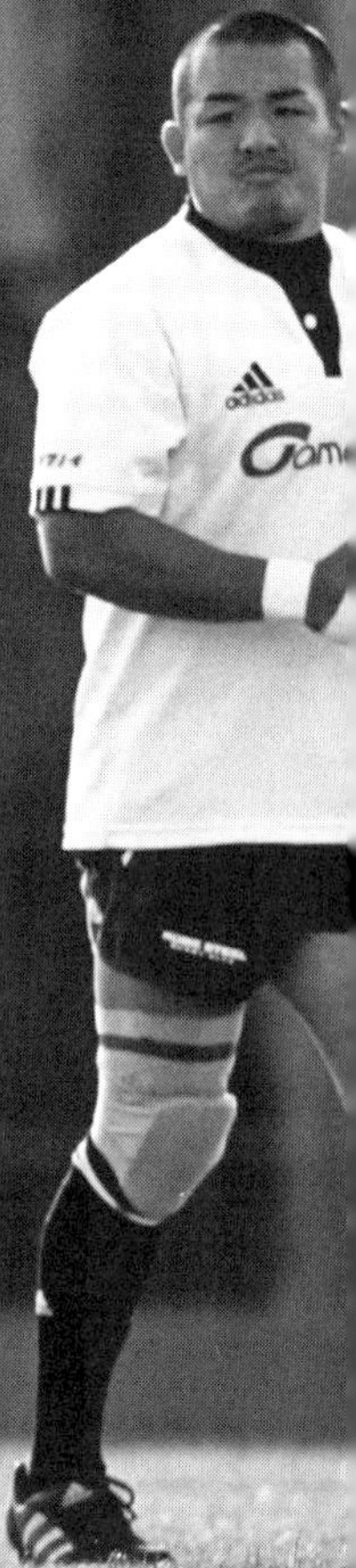

特別寄稿

平尾少年がミスターラグビーになるまで

平尾の家を初めて訪ねたのは、彼が中学3年生の頃でした。家を訪れた理由は、当時、わたしが監督を務めていた伏見工業高校への進学を勧めるため。中学生の頃から既に好素材として注目されていた平尾には、私立の強豪高校から誘いの声がたくさんかかっていました。「特待生」といった制度がない公立高校の伏見工業高校としては、厳しい状況です。

正直なところ、平尾の家を出るときはあきらめていました。特待生という扱いができないだけでなく、当時の伏見工業高校はラグビー部の実力云々以前に、素行の悪い子どもたちが集まることで知られていたからです。

ただ、わたしの話を聞く平尾の表情に若干の希望もありました。わたしは平尾に、自分の現役時代の頃の話や伏見工業高校のこれから、そして日本ラグビーの未来について熱く語りました。くるっとした目をした平尾が、食い入るようにわたしの話を一生懸命聞いてくれたのです。そんな表情を見ながら、「この子が入学する高校には3年間勝てないなあ」と感じたものです。それからしばらくして、平尾が伏見工業高校の入学試験を受けると聞いたときは、飛び上がってよろこびましたよ。その瞬間から、「平尾をリーダーにする!」と心に決めました。

平尾のリーダーとしての資質をいくつか挙げるとすれば、ひとつは人の話をよく聞く人間だったこと。監督であるわたしの話も、いつも真剣によく聞いてくれました。そしてもうひとつは、その話を自分のなかで咀嚼《そしゃく》して、自分の言葉で相手に伝えることができたことです。

わたしには、「平尾に話しておけば、みんなにしっかりと伝えてくれる」という安心感がありました。ラグビー選手としての素材だけを見れば優秀な選手はたくさんいましたが、わたしの思いや気持ちを伝えてくれるという点において、平尾は唯一無二の選手だったのです。

平尾がキャプテンとして仲間から信頼されたのは、言葉だけでなく、行動で示して納得させるタイプのリーダーだったという点も大きかったと言えます。周囲の選手たちも、現実を見せられることで説得力があったのだと思います。

そのスタンスは大学でも、社会人でも、代表でも変わらなかったと聞きます。だからこそ、平尾の背中を追って多くの仲間がついてきた。

平尾は、仲間にも恵まれました。彼の言葉に耳を傾け、一緒に行動で示せる仲間がいたのです。個人競技なら別ですが、ラグビーはひとりではできない。彼らが、リーダーとしての平尾を支えたという見方もできるでしょう。平尾自身も、そのことを十分に理解していたはずです。

それだけに、彼は人一倍努力しました。彼自身「努力」という言葉は嫌いでしたが、陰に隠れて地道な練習もしていました。平尾が伏見工業高校を卒業して同志社大学に進学してからの話です。伏見工業高校と平尾の家が近かったこともあって、学校帰りの夜に近くを通ると、同志社大学の練習が終わってから走りにいく姿をよく見かけたものです。近くの公園でボールをもって、ひたすらキックの練習をしている姿も見たことがあります。現状の自分に満足せず、よく個人練習をしていました。

平尾には、「先を読む力」もありました。これもまた、リーダーとして優れていたところ。プレーヤーとして能力の高い選手はたくさんいますが、先を読む感覚というのは誰もがもち合わせているものではありません。そして、平尾の「先を読む力」は、目の前の試合の先を読むだけでなく、つねに日本ラグビーの未来を考えていました。

平尾が大学を卒業してイングランドに行ったのは、世界のラグビーを肌で感じるためでした。そのときから、「世界を知ることこそが、日本のラグビー界にとって必要なことだ」と感じていたのでしょう。彼がイングランドに行っていなかったら、もしかすると、いまだに日本のラグビー界に外国人選手は参加していなかったかもしれません。

というのも、日本の社会人チームに主力として外国人選手が加入したのは、平尾がいた神戸製鋼が初めてだったからです。いまではトップリーグの各チームに外国人選手がいるのは当たり前になりましたが、当時は画期的な試みでした。

海外のチームと戦っても歯が立たないという時期が続いていたので、平尾は間違いなく外国人の力を素直に認めていました。「そういう力を取り込まなければ、海外のチームと互角に戦えない」という強い信念もあったはずです。その当時から、平尾は日本ラグビーが世界と戦うことを意識していた数少ないひとりだったということです。

イングランドから帰ってきた平尾は、それまで日本にはなかった「エンジョイするラグビー」

も日本にもち込んでくれました。それまでの日本のラグビーは、他の日本のスポーツと同じように教育の一環という考え方が強く残っていたのです。でも、平尾はそんな風潮を真正面から否定しました。

「好きにやってみればいい。そこから得るものはとても大きいのだから」

平尾が選手たちに求めたのは、プレーを楽しむこと。そして、失敗することで成長していく自分を体感することでした。彼の思いがどこまで届いていたのかわかりませんが、少なくとも、日本のラグビー界が世界と戦えるチームになってきたことは疑う余地がありません。

最後に平尾と話したときも、その目は未来に向けられていました。病魔と闘うなかでもラグビー界を思う平尾の言葉を、わたしは耳を傾けて聞いていました。そして、平尾のような素晴らしいラガーマンと出会えたことを、心の底から感謝したのです。

京都市立伏見工業高等学校ラグビー部総監督　山口良治

第3章 強い個を育てる

平尾は、チームを、日本代表を、日本ラグビー界を強くするためなら、どんなことでも取り入れた。そこには、固定概念などなかった。

日本スポーツ界に映像分析の手法を最初に取り入れたのは平尾誠二である。いまでは、どのスポーツも映像で自分のチームや相手のチームを分析するのは常識だが、当時は斬新な取り組みだった。サッカーやバスケットボール、ハンドボールなどで活用されるようになるのは、その後のことである。

テクニカルスタッフとして全国各地から集められた専門家のなかには、ラグビー経験が皆無の人間もいた。平尾は、最先端のシステムをつくるために、業界を超えて幅広く人材を求めたということだ。パソコンの画像編集ソフトもない時代である。その先進性と行動力は際立っている。

あるときは、キック練習のためにサッカーの日本代表経験者を講師に招いたこともあるという。それから、ラグビー経験の有無に関わらず人材をスカウトする「平尾プロジェクト」は有名な話である。短距離走や跳躍力など、運動能力に優れた子どもたちを発掘するのが目的だった。その考え方そのままに実践しているのが、スポーツ庁が進めている、他競技からの人材発掘である。

日本代表の国際化を進めたのも、平尾である。現在は、日本代表の先発メンバー15人のうち海外出身選手5、6人は基本ラインだが、平尾が代表監督を務める前は3人程度だった。それを平尾が一気に増やしたのである。ルールの範囲内だったが、その大胆なチーム編成に海外の有力チームから批判を浴びることにもなった。

平尾には、ポジションに対する固定概念さえなかった。いまでは複数ポジションをこなすのは当たり前だが、当時は「このポジションは、こういう能力がないとダメだ」という風潮があった。それさえ平尾は、あっさりと覆したのである。

「試合の前に試合は終わっている。現実はあとからついてくる」

これが平尾の持論である。だからこそ、準備には徹底的にこだわった。とくにこだわったのは、実際に戦う選手たちの育成だった。

そのこだわりが、「強い個をつくる」言葉の数々である。

決めごとが増えると、
成長の伸びしろが
小さくなる

「型」を重視するコーチングでは、どうしても決めごとが多くなる。

そこで弊害が起こる。決めごとが多いチームほど、選手の成長する伸びしろは小さくなってしまうのだ。なぜなら、選手はその決めごとを一つひとつきちんとこなしていくことを最優先に考えてしまうからだ。

たとえばパスならば、正確に投げるための理にかなったフォームというのがあり、反復練習で身につけることができる。しかし、実際のゲームにおいては、目の前に相手ディフェンスのいる味方に、正確なフォームで狙い通りに投げても、それは最悪のパスでしかない。

そうではなく、ゲームに必要なのは状況を切り開くイマジネーションに富んだパスだ。少々精度が落ちようと、ゲームでは「ここだ！」と思ったときに躊躇なく放れるある種の無責任さもなければならない。

しかし、「腰の入れ方はこう」「指の使い方はこうじゃないとダメ」だというような練習ばかりしていては、ゲームでも正確な投げ方でパスすることが優先されてしまい、思い切りや積極性が犠牲になってしまう。決めごとを増やすことが壁をつくってしまうというわけだ。日本の古いタイプの指導者は、そろそろそのことに気づく必要がある。

もがき苦しんでいる
人間には、
自ら解決する環境を
つくることだ

選手や部下が壁にぶち当たり、もがき苦しんでいるとき、指導者はどう接するべきか？　「こうしなさい」とすぐに答えを教える指導者も少なくない。もしくは手を差し伸べて、一定の道筋をつけてしまう場合も多いのではないだろうか。

しかし、コーチングに「絶対」はない。相手の個性によってその方法は異なり、また状況によっても変わってくる。なにより本人の受け止め方や気持ちひとつで、まったく違う結果を生むことになる。その意味でも、コーチングとはあくまでも相対的なものだ。

ならば、もがき苦しんでいる人間に対して指導者がするべきことは、あえて問題と向き合わせ、とことんまで自分と闘わせながら、進むべき方向性を自分なりに見つめるための環境をつくることではないだろうか。

自分で解答を導き出せるように仕向けたり、本人の気持ちや視点を切り替えたりするために、さまざまな仕掛けを用意することこそが重要だと思う。もちろんそこには、個々が自力で問題を解決するのを待つだけの忍耐力と勇気が求められる。

コーチの役割は、必ずしも伴走だけではない

コーチの役割は伴走もあれば、先導もあるし、後走があっていい。

しっかりとした目標をもち、すべきことをきちんと理解して実行する選手には伴走者がいい。そうではない選手には、前方から導いてやるやり方があってもいいだろう。それでもやろうとしない選手には、尻を叩いてでも無理やりやらせるやり方もあってもいいと思う。

どんな選手に対してもコーチが一様に伴走者であっては、かえってマイナスになる恐れもあるのではないか。

「怒らない」と「怒れない」は全然違う

褒めることは必要だ。けれども、褒めるだけではダメだ。ときには怒りを爆発させることも必要だと思っている。

自分の子どもが道を踏み外しかねないと感じたのなら、親は断固として怒らなければならない。また、スポーツの指導者であれば「ここが肝心だ！」と感じたら、選手に激しく怒ったり、理屈抜きに練習を強制したりしなければならないときがある。「怒らない」と「怒れない」は全然違う。

「怒らない」とは、きちんと怒ることはできるけれど、先を読み、いま怒ることのプラスとマイナスを大局的に判断したうえで、あえて「怒らない」ことだ。そういられるのは、自分自身に怒られた経験があり怒られた側がどう感じるかわかるからだ。

ところが、いまの時代は怒られた経験のない人が増えている。だからなのか、怒れない。怒れない親や教師、上司や先輩は、絶対なめられる。逆に、怒ることができる人があえて怒らなかったとしたら、かえって怖さを感じさせるはずだ。子どもや部下にそう思わせるのは、迫力や恐怖の力だけではない。その根底に愛情を感じ取るからだ。

「ほどほど」にも、経験が必要である

「ほどほど」という言葉がある。

わたしの経験上、「ほどほどにしておく」ことができるのは、またそのさじ加減がわかるのは、とことんまで突き詰めたことがある人間だけだ。徹底的に突き詰めた人間だからこそ、「ほどほど」がどの程度のものか感覚として理解できている。そういう人間の発する「ほどほど」と、そうした経験をもたない人間が口にする「ほどほど」は、まったく別物。受け取る側は、この違いを敏感に感じ取ってしまうものだ。

教えるとは――納得させ、行動を変えさせ、その行動を継続させること

　話していることがわかった程度の理解では、相手が行動に移すところまではつながらない。だからいつも、言葉の遣い方は意識する。

　教えるとは、相手を納得させ、行動を変えさせ、さらにその行動をこれから先もずっと続けさせることである。ひとりの人間にそれだけの変化を起こさせるには、教える側の言っていることに心の底から納得してもらう必要がある。それを言葉だけで行うには、相当なインパクトのある表現でなければダメだ。

GILBERT

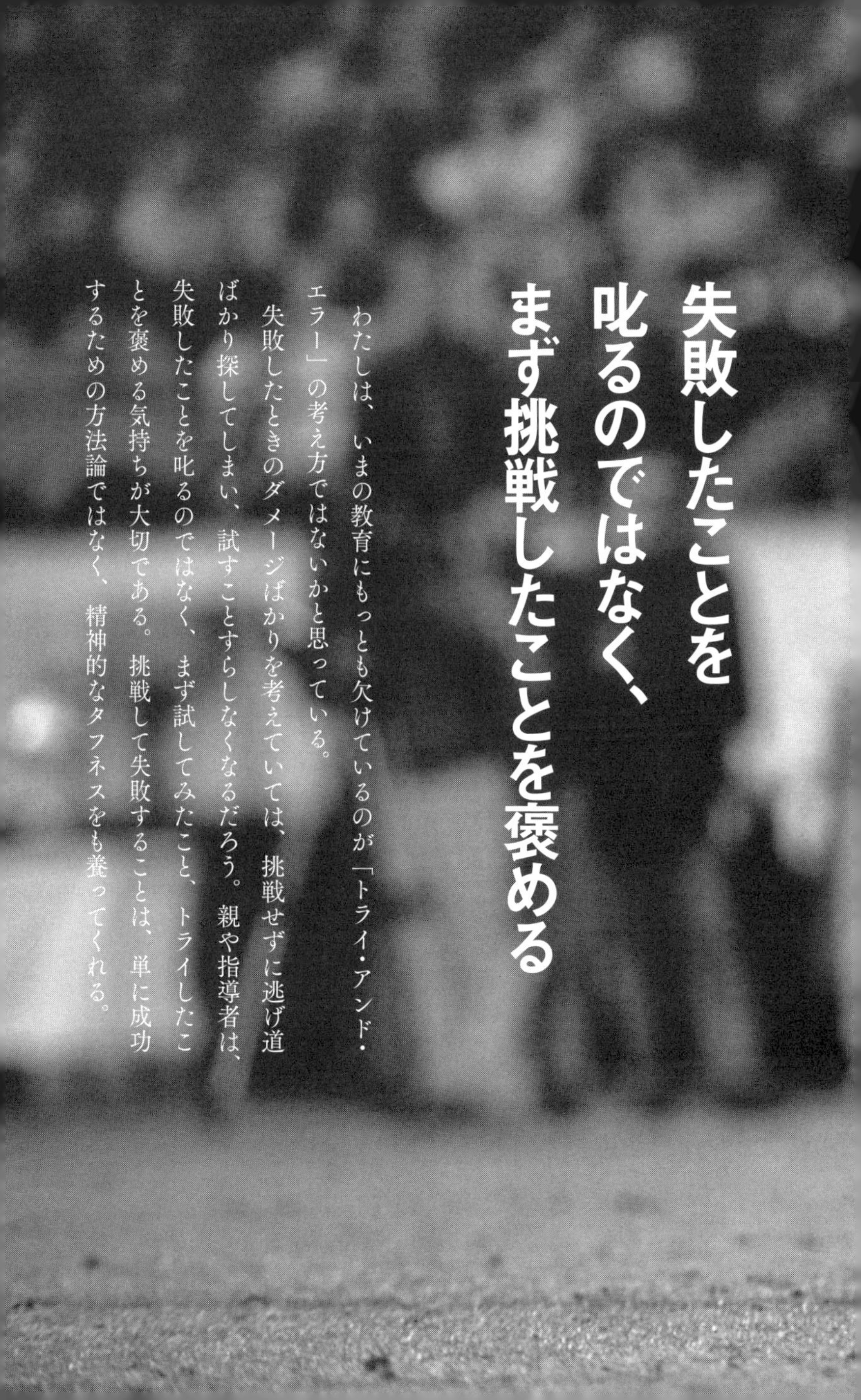

失敗したことを叱るのではなく、まず挑戦したことを褒める

わたしは、いまの教育にもっとも欠けているのが「トライ・アンド・エラー」の考え方ではないかと思っている。

失敗したときのダメージばかりを考えていては、挑戦せずに逃げ道ばかり探してしまい、試すことすらしなくなるだろう。親や指導者は、失敗したことを叱るのではなく、まず試してみたこと、トライしたことを褒める気持ちが大切である。挑戦して失敗することは、単に成功するための方法論ではなく、精神的なタフネスをも養ってくれる。

意味を理解するかどうかで、
成長の度合いは格段に変わる

意味を理解させないままに、アメとムチだけで人間の行動を変えようとしても、本人がその必要性を感じていなければ長続きはしないし、大きな効果は期待できない。

意味を理解させるかどうかで、選手のモチベーションや成長の度合いは格段に変わってくる。ただ、残念ながらこの重要性をわかっている指導者は明らかに少ない。極端な言い方をすれば、やり方を教えるだけで質問はさせないのが日本の教育なのだ。

たとえば、「腕立て伏せを10回行いなさい。最後になった者はプラス5回だ」と指導者に言われると、なかには数をごまかす選手も出てくる。それは腕立て伏せをする目的をしっかり考えることでなく、いかにして罰を回避するかが目的になるからだ。

そのときに罰を与えず、「腕立て伏せは大胸筋を強化するために行うのであって、ゆっくり10回やるのが筋肥大にはもっとも効果的だ」という説明が事前にあれば、誰もごまかそうとはしない。さらには、「大胸筋が発達したら、君のタックルが強くなる」などと個人的にも意味を付加することで、高い意識をもたせることもできるはずだ。

選手と指導者の関係は、対等であるべきだ

かつての日本のスポーツ界における指導者と選手の関係は、決して対等ではなかった。選手は指導者の言うことに黙って従っていればいいという考え方が主流だったのである。

しかし、そうしたチームや選手が大きな成果を挙げるケースは確実に少なくなってきている。なぜなら、指導者の言うことをただ聞いているだけでは、選手自身が問題を発見し、自分で考えて解決しようとする能力が育たないからだ。

そうなると、「練習のための練習」という不毛な循環が起きてしまう。選手が練習の意味を理解しないで、やらされるがままに練習を繰り返しては、実力が向上するわけがない。

本来、選手と指導者の関係は対等であるべきだ。互いが対等な立場で問題を考え、発言し、解決していくという意識を共有することが必要なのだ。指導者が自分だけの考えを強要することは、そのチームや選手のモチベーションを低下させることにしかならない。

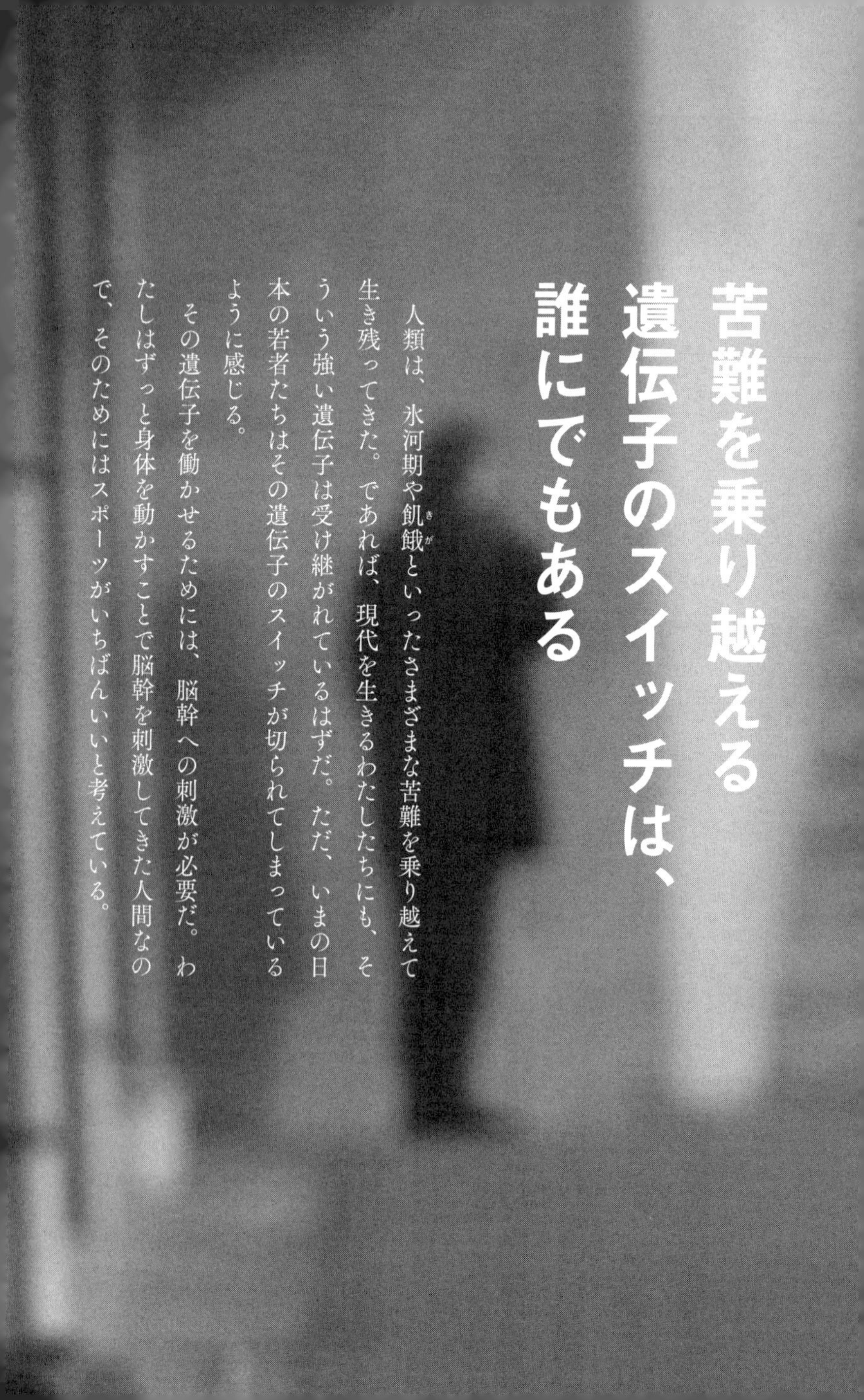

苦難を乗り越える遺伝子のスイッチは、誰にでもある

人類は、氷河期や飢餓《きが》といったさまざまな苦難を乗り越えて生き残ってきた。であれば、現代を生きるわたしたちにも、そういう強い遺伝子は受け継がれているはずだ。ただ、いまの日本の若者たちはその遺伝子のスイッチが切られてしまっているように感じる。

その遺伝子を働かせるためには、脳幹への刺激が必要だ。わたしはずっと身体を動かすことで脳幹を刺激してきた人間なので、そのためにはスポーツがいちばんいいと考えている。

あくまで主体は選手であることを、コーチは決して忘れてはならない

「選手のこの才能を伸ばしたほうが可能性は開ける」と、選手を見ていくらコーチが思っていても決めるのはあくまで選手本人。この原則は、絶対に崩すべきではない。選手を強制するのは簡単かもしれないが、無理やりやらされていると感じた途端、その選手は発展性や創造力を失ってしまう。あくまで、主体は選手であるべきなのだ。そのことをコーチは決して忘れてはならない。

コーチングとは、相手が求めていることを教えるのが基本である。

つまりコーチングの主体は、教わる側にあるのだ。

選手にランクをつけるのではなく、ひとつうえのステップに上がらせる

ビデオ分析で気をつけなければならないのは、対象となる選手の問題点を発見することに終始してしまうことだろう。問題点を発見することは、選手を伸ばすためのスタート地点である。それを選手の評価や判断基準にしてはならないのである。

指導者は、分析の結果をその選手の評価にしてはいけない。指導者の仕事とは、選手にランクをつけるのではなく、ひとつうえのステップに上がらせることなのだ。

人を動かせるのは
人しかいない

コーチという言葉の語源は、四輪馬車からきている。

人を目的地に連れて行く者をコーチと言う。であれば、その馬車に乗ってみてもいいと思わせるには、そのコーチになんらかの魅力がなければならない。

もちろんコーチの仕事には情報収集や分析も大切だ。しかし、最終的には、その情報を伝える者が、どれだけ熱い思いをもっているかによって、結果は大きく違ってくる。

いくら質の高い情報でも、いくら分析が優れていても、人を動かせるのは人しかいない。つまり、コーチの人間力にすべてがかかってくるのだ。

人間力とは、情熱や厳しさ、そして優しさ。はたまた、豊富な経験などがベースになってできるもの。人間力のあるコーチは指導の根底に、「この選手を伸ばしてやりたい」という熱い思いがある。それが選手に伝播《でんぱ》するからこそ、選手たちは四輪馬車に乗るのだ。

信頼できる人間でなければ、人は自分の向かう方向を任せたりはしない。チームが機能するためにも、コーチと選手との理解と信頼は不可欠なのだ。

負荷をかければ
かけるほど、
心はどんどん
強くなる

筋肉を強化するには、負荷をかけなければならない。重いものをもてば腕の筋力は強くなり、もたないでいれば衰える。毎日歩いていれば足腰は強くなるが、歩かなければ弱っていく。

これは心も一緒だ。負荷をかければそれだけ強くなり、かけなければ弱くなる。強くなれば、少々のことではへこたれなくなるし、弱まればちょっとしたことで落ち込み、現実から逃れようと考えてしまう。

そして、負荷をかければかけるほど心は強くなり、より大きな厳しさや苦しさにも耐えられるようになっていく。

「こんなこと、どうってことない」

そう思うことができるようになるのだ。

たとえ歩けなくなっても、生きていくことはできる。でも、現実から逃げてしまえば、生きていくことは難しくなる。

負荷をかける方法はいくつかある。なかでも理不尽なことは有効な方法のひとつと言える。人は理不尽な経験を乗り越えることで強くなるものだ。理不尽は人を鍛える――。そして、その反動こそが強いエネルギーを生み出すである。

厳しいだけの練習では意味がない

わたしはラグビーをもっとも知的なスポーツだと理解している。ただし、タックルなどの激しいコンタクトプレーなどがあることから、身体を鍛えていなければ危険なスポーツにもなり得ることは否定しない。だから、血ヘドを吐くような激しい練習をすることもある。

しかし、厳しいだけの練習では意味がない。なんのための練習なのか、それによって自分のプレーがどう変わり、チームをどう変えられるのか。それがわからなければ、人は本気で練習に取り組もうとはしないものだ。

自信は経験からしか育まれない

常勝チームと、いつも僅差で負けるチームの差は、単なる戦力の違いだけではない。そこには自信があるかないかという大きな差がある。そしてその自信は、経験からしか育まれない。

経験には成功体験と失敗体験があるが、わたしは失敗体験が重要だと考えている。もちろん、大一番での失敗はいただけないが、小さな失敗はしておいたほうがいい。そうすると、「どこからどこまでが、やってもいいプレーなのか」という自分なりの尺度が確立されてくる。

ダメ出しには、いいダメ出しと悪いダメ出しがある

ダメ出しには、いいダメ出しと悪いダメ出しがある。建設的なダメ出しと悲観的なダメ出しと言い換えてもいい。

ダメ出しの目的は、考え方や行動を変えさせることにある。「これではダメだ」と言われたとき、「よし、もう一度やってみるか！」と前向きに考えられるのが建設的なダメ出しであって、「やっぱりダメなんだ……」と落ち込ませてしまう、あるいは「言いたいことを言いやがって」と反感をもたれてしまうのが悲観的なダメ出しだ。心がけるべきは、「建設的なダメ出し」である。

CANTERBURY
PACIFIC RIM

原理原則さえ
しっかりしていたら、
あとは自分の
やり方がある

物事の原理原則さえしっかりしていたら、あとは自分のやり方がある。いろいろな形で「トライ・アンド・エラー」をしながら経験していくことによって、初めてノウハウは蓄積されるのだ。

それをしないまま「マネる」ことだけをしていては、独自のノウハウなど構築できない。独自のノウハウがぶつかり合うことで、また新しいノウハウが生まれていく——という歴史をどんどん繰り返していかないと、良いものはできあがらないだろう。

日本は、決まりきった伝統を守ることが重要視されるあまり、新しい知識、知恵、ノウハウが発展しない、またはしにくい状況になっているように感じることがある。

さらに、日本は減点主義で、新しいことにチャレンジするときのリスクがとても大きい。しかし、誰だって初めは失敗するもの。失敗が、ある程度許容される時期というのはあるはずだ。

初めから「ダメだ」「失敗するな」とは言わないで、失敗が許される時期は、その範疇《はんちゅう》で「トライ・アンド・エラー」を繰り返してどんどん向上させていくことのほうが大切だ。

いい選手かどうかは、身体の向きを見るとわかる

わたしがいい選手かどうかを見分けるポイントにしているのが、身体の向きだ。ラグビー選手にとって身体の向きというのは情報源そのもの。いい選手は、いい情報をもっている。だから判断を間違わない。その情報をどう集めるかが、選手の身体の向きでわかるのだ。

ラグビーにおける情報とは、視覚によって得られるものが多い。そして視覚をどこに向けているのかは、身体の向きに顕著に表れる。だから相手の身体の向きによって、次のプレーの予測が立つ。

たとえば、相手選手が、離れた場所からでもわたしを見ているとしたら、それはわたしを警戒しているということ。逆に、周りの選手の顔色や疲れ具合を見ていたり、味方選手の位置を確認している場合は、なにかを仕掛けてくるかもしれないと気をつけなければならない。

まんべんなく周りを見ている選手は、広い情報をもっている。そして、そこからいい情報を見つけ出し、より良い予測を立てる。ところが、経験上、近視眼的にボールばかり見ている選手は、圧倒的に得ている情報量が少なく、プレーも良くないものだ。

状況判断が加わらないと、
本当の意味での
スキルにはならない

個人のもつ能力を表現する、「スキル」という言葉。日本におけるこのスキルの考え方に、わたしは疑問を抱いている。

日本のスポーツ界では、なぜか個人の動作精度のことをスキルと表現している。しかし実際には、これに状況判断が加わらないと、本当の意味での能力、スキルにはならない。

たとえば、ボールを蹴る動作、パスを投げる動作に、状況判断という時間軸の考え方が入って、初めてスキルとなる。

そういったものを備えた選手がスキルの高い選手であり、こうした選手がたくさん集まって初めていいチームになる。選手個々のプレーの選択肢が多くなり、チームとしてもいろいろなプレーが発生する可能性が高くなる。結果、さまざまな状況に対応できることになる。

だからこそ、フォーメーションや戦術などのシステムありきではなく、本当の意味でのハイレベルなスキルを備えた選手をつくることのほうが重要だとわたしは考えているのだ。いまのようなシステム依存型のままでは日本のスポーツは伸びていかない。

スポーツの話をしていると、必ずといっていいほど出てくるのが、精神力を鍛えるということだ。

しかしわたしは、この「精神力」という言葉があまり好きではない。目に見えないが力をもつという意味なら、ぜひとも「可能性」という言葉を使いたい。

「精神力」という言葉があまり好きではない

精神力と聞くと、多くの人は、プラスアルファ的なものを期待するのではないだろうか。だが、それは当てにしてはいけない。

精神力とは、忍耐力、克己心、向上心など、いくつかに分類される。日本人の感覚では、精神力にいちばん近いニュアンスをもつのが忍耐力や根性であろう。つまり、日本人の精神力とは、逆境や苦しさ、厳しい練習に耐える心を原点に置いているのだ。

ラグビーにおいて必要な精神力は、大きく分類してふたつある。それは闘争心と集中力、いわゆるファイティングスピリッツとコンセントレーションだ。やるべきことをすべてやって行き着く精神力とは、最後の気力の一絞りであるスピリットのことだ。

根性は必要な要素ではある。ただし、耐えるための根性ではない

わたしは強化の現場で、「根性」という言葉は用いない。しかし、スポーツに根性が必要ないかといえば、やはり必要な要素でもある。ただし、耐えるための根性ではない。明確な目的があり、その目的に至るために必要なことすべてをやったうえで、最後に発生する気迫と自信、そして男の美学を少し含んだ意味での根性である。

実力も胆力もあり、いざというときには捨て身になって力を発揮してくれる。そういう人物を、「根性のある奴」だと、人は認めるのだ。

日本のラグビーは、国際レベルから見ればまだまだかもしれない。それを体格のせいにしてしまう人も多いが、それを理由にしているうちは、1000年待たなければニュージーランドのような強敵には勝てない。

　わたしは、体格の差以上に、個人の判断力のなさが大きな要因だと考えている。判断力とは、つまりは決断力のこと。根性を期待しているうちは、個人の判断力は育たない。

根性を期待しているうちは、個人の判断力は育たない

なにかを
変えられたと
実感できたら、
その人間は
ひと皮むける

理不尽は人を鍛える――。

このとき、指導者が忘れてはいけないのが、理不尽を与えること自体を目的にしてはならないということ。理不尽を与える目的は、あくまでも「その人間を鍛え、成長させること」にある。鍛え、成長させるための手段のひとつが理不尽を経験させることであり、理不尽を与えるのなら、絶対に成果を出させなければならない。

どんな些細《ささい》に見えることでも、努力したことでなにかを変えられたと実感できたら、その人間は確実にひと皮むける。そこに、自己変革できる可能性が生まれるのだ。

だからこそ、理不尽という負荷をどのような方法で、どの程度かけるかということがカギとなるのだ。「この人間を成長させるために、いまはなにが必要か？」「どんな経験をさせるべきなのか？」。そうやっていつも相手を見て考えていれば、自然とその人間を観察することになり、何気ない変化にも敏感に察知することができる。それができれば、いま必要としているものがわかり、「ここだ！」という、理不尽を経験させるタイミングを逃さなくなる。

第4章 強い日本人になる

1

981年1月7日。平尾誠二のミスターラグビーとしての出発点となった、第60回全国高等学校ラグビーフットボール大会決勝戦。キックオフ直前の円陣のなかで、平尾はこう叫んだという。

「おい、楽しむぞ！」

試合を楽しむ。この言葉は、最近のスポーツ選手からよく聞く言葉だが、平尾が口にしたのは、35年以上も前のことである。彼は、一貫してこのスタンスを変えなかった。

この考え方が決定的になったのは、同志社大学卒業後のイングランドのリッチモンドへのラグビー留学である。平尾はこの留学を通して、練習に取り組む姿勢、考え方に自分なりに確信をもつことになる。

「本物のラグビーは、あそこからはじまった」と答えるほどだから、それまでの日本式とはまったく異なるラグビーを、この目で見て、肌で体験してきたということだ。

「やらされているのはおもろないよね」

日本代表の監督を引き受けたときも、日本ラグビー界のためという以前に、自分への挑戦と捉えていた。自分が日本のラグビーを強くするという思いでいたのである。

自己を確立した強い人間になるにはどうしたらいいのだろうか？

平尾の答えはシンプルである。

「自分が楽しいと思えることを、失敗を恐れずに突き詰めること。楽しいなら頑張れるし、楽しくないと、頑張れないから」

「ミスターラグビー」「ラグビーの天才」と言われてきた平尾は、あるインタビューのなかでこう答えている。

「僕はただのラグビー愛好家です。ラグビーがめちゃくちゃ好きで、プレーすることが好きなんです」

平尾誠二をミスターラグビーにまで押し上げた根底にあるのは、そこだ。だから、自分で考え、工夫し、決断できたのである。「好きにやってごらん。どんな結果になっても、そこから得られるものが必ずあるから」。それを自ら実践してきたのが、平尾誠二という人間なのである。

そんな彼からのラストメッセージが、「強い日本人になる」言葉の数々である。

日本人はきつくなると自分に言い訳をして力を緩める

わたしが日本代表の監督をしていたとき、キャプテンを務めていたアンドリュー・マコーミック※に、「日本選手に足りないものはなにか？」と訊いたことがあった。

すると彼は、即座に「メンタル・タフネスだ」と答えた。

また以前、神戸製鋼にいた元オールブラックスのブレア・ラーセン※も同じようなことを言っていた。

「ニュージーランドも日本も、選手の技術は大して変わらない。ただ、『ここぞ！』というときの頑張りが全然違う」

たしかに彼らのゲームを観ていると、どんな状況でも手を抜かない強靱《きょうじん》な精神力が備わっている。それが彼らのアイデンティティであり、プライドなのだと感じられる。

しかし、日本人にはこれがない。日本人はきつくなると自分に言い訳をして力を緩めてしまうのだ。だから、肝心なところでもスクラムが最後までもたない。ここで少しくらい力を抜いても誰にもわからないだろうと、無意識のうちにすっと力を抜くのは、日本人の良くない習慣だとわたしは捉えている。だからこそ、その悪い習慣をなくす努力をしなければならない。

※アンドリュー・マコーミック　ニュージーランド出身の元ラグビー選手。1993年に東芝府中に加入。1996年に日本代表選手に選出。1998年には、外国人初の日本代表主将に選ばれ、1999年のW杯に出場した

※ブレア・ラーセン　ニュージーランド出身の元ラグビー選手。元オールブラックスの選手。1998年から2002年まで神戸製鋼ラグビー部に所属していた

スポーツの素晴らしさは、
できなかったことが
できるようになることだ

スポーツの素晴らしさは、できなかったことができるようになることだ。できなかったこと、困難なことを、できるようになるために努力したり、工夫したりするのがスポーツのおもしろさである。

また、達成感を体験できるのも、スポーツの素晴らしさであり価値だ。ただし、自主性をもって取り組まなければ、真の意味での達成感は得られない。つまり、「やらされてできた」のではなく、自ら主体性をもって取り組み、その結果としてできるようになることが大切なのだ。

どうすればできるようになるのか、勝つためにはなにが必要か、どういう練習をすればいいのか、なぜ失敗したのか……。そういったことを自ら考えていくなかで、創造力や主体性といった知恵が身についてくるのである。

わたしは、スポーツを通じて得られるこうした知恵のことを「スポーツ・インテリジェンス」と呼び、選手育成の場でも重要視してきた。しかし、残念なことに日本の学校教育の現場では、個々の能力を評価し身体を鍛えることに主眼が置かれ、このスポーツ・インテリジェンスが置き去りにされてしまっている。自主性をもってスポーツに取り組むこと自体が難しく、スポーツ・インテリジェンスが養われにくい状況になっている。

イギリスではスポーツ、日本では体育

イギリス留学時にクラブで体験したラグビーには、まさに「スポーツ」をした感覚が残った。それが日本ではどうも、「体育」が先にきてしまう……。この差がどれほど大きなものか。本来スポーツとは、個々が自主性をもって行うものであり、それが日本にも定着してきたときに、初めてスポーツとなり、強化にも影響してくると思う。

日本のような体育的思想によるスポーツには限界がある。体育とスポーツを区別するなかで、体育そのものをもう少し楽しいものにしていかなければ、日本のスポーツの発展はない。

世の中は、公平でも公正でもない

そもそもこの世の中は、決して公平でも公正でもない。フェアではないのだ。自分の理屈が通らないどころか、通らないほうがむしろ普通でさえある。世の中は、もともと理不尽なものとして作られている。

だからといって、理不尽な体験をすることは無駄ではない。それどころか確実に人間を鍛えてくれるし、強くもしてくれる。もし自分が理不尽な状況に置かれているのなら、へこたれてはいけない。その壁を乗り越えたとき、人は必ず成長しているものだ。

不確実なことにこそ、幸せの可能性がある

すべての物事は複雑に入り組んでいて、割り切ろうとしても絶対に割り切れない。どうしても余りが出る。それなら、余りに価値を見出したほうが、よほど世の中はおもしろくなるはずだ。

余りのなかにチャンスはある。大事なことは、チャンスだと思ったらたとえそれが不確実な余りものであっても、とにかくチャレンジすることだ。そうすれば、おもしろいことに出会えるチャンス、幸せを見出す可能性は大きく広がっていく。

いいときは悲観的に、悪いときは楽観的であれ

わたしには、むかしから自分を俯瞰《ふかん》して客観的に見ているもうひとりの自分がいた。それによって、自信が勝っていると感じれば不安になり、不安に陥ったときには自信が甦《よみがえ》ってきた。そのため、自分を見失い、パニックになることもなかった。

自分を客観視するには、物事を多面的に見ることが大事だ。そしてつねに好奇心をもつことが必要になる。好奇心とは、物事の本質をつかもうとする、捉えようとする姿勢のことである。本質を正確に捉えようとすれば、多面的に見ざるを得なくなり、客観的な視点になる。

それからもうひとつ、自己の評価を正確にする必要もある。周囲の評価と自己の評価のギャップが、甘えや絶望につながることがあるからだ。

そうならないためには、物事がスムーズに進んでいるときには、自分が思うよりも自己評価を少しだけ低く見積もり、逆にうまくいかずに気持ちが落ち込んだときには若干高く評価すればいい。

簡単に言えば、「いいときは悲観的に、悪いときは楽観的であれ」ということ。自分を客観視するもうひとりの自分をもつとは、こういうことでもある。

愛嬌《あいきょう》のある人間や素直な人間は、他人の力を引き出すことができる

笑顔を見せることや愛嬌を感じさせることは、相手にとって話しやすい環境を用意することになる。それによって相手もこちらも気分が良くなり、当然関係は深まる。関係が深まれば、できることはしてあげたい、助けてやりたいと人は思うものだ。

素直さも同様だ。素直な人間が、「今日はうまくできませんでした」と頭を下げれば、「そんなことはない。次はこうすればいいんだ」と励ましたくなる。しかし、ひねくれて反発してきたり、すぐに人のせいにしたりする人間には「勝手にしろ」とこちらも素直にはなれない。

つまり、愛嬌のある人間や素直な人間は、他人の力を引き出すことができ

るのだ。

人間は、意外に些細なことで心を揺さぶられたり、反発したり、幻滅したりする。だからこそ、一見、些細な笑顔や愛嬌、素直さがじつはとても大事なのだ。

幸せかどうかは、
本人が望む通りに
生きられるかどうか

幸せかどうかは、本人が望む通りに生きられるかどうかで決まる。
もちろん、望み通りの人生を歩めるのは、ほんの一握りの人だけだろう。大抵の人はどこかで折り合いをつけ、割り切って本意ではない人生を送っている。

しかし、思い通りにならなくても、思い描いた夢や希望、目標に向かって努力しているとき、たとえそれが辛く苦しくても、人は幸せを感じることができると思っている。だからこそ、一人ひとりが自分ならではの存在意義を感じられるような社会にならなければならない。幸せを測るものさしが多様にならなければならないのだ。

いつの日か、日本人の一人ひとりが、それぞれの価値観に応じて最適な生き方を選べるようになったとき。情報や風評、人の目に惑わされることなく、自分の価値観をもって物事を見て判断することができるようになったとき。そして、そういう生き方が普通だと認められ、みんな明日がくるのを楽しみに待てるようになったときこそ、「日本に本当の個人主義が誕生するときだ」とわたしは思っている。

不安をマイナスとは考えない

はたから見ると、わたしはいつも自信満々で不安などないように映るらしい。実際はまったくそんなことはない。つねに不安に苛《さいな》まれているし、それが人間というものだ。

ただ、わたしは、不安をマイナスだとは考えないようにしている。それどころか、むしろ好ましい状態であるとさえ思っている。自信と不安のなかで葛藤することが、その人間の成長を促す大きな力になると信じているから。

「なんとかなるさ」という精神が道を拓《ひら》く

ラグビーに限らず、試合前に相手を研究する、シミュレーションやイメージトレーニングは、どのスポーツでも行われている。しかしやり過ぎると、あまり良い結果をもたらさないことが多い。それよりもあまり細かく決めずに、たくさんのオプションから最善策を選択するほうが、良い結果をもたらすものだ。

予定していたプレーができなくても、「なんとかなるさ」の気持ちでいることが大切なのである。もっと言えば、そこで「なんとかなるさ」と思えなければ、勝負には勝てない。

これはスポーツに限ったことではない。道を拓くためにも、「なんとかなるさ」という精神をもつことはとても大切なことだ。

人は、さまざまな場面において判断と選択を迫られる。そのとき、「これしかない」と思い込んでしまうと、間違った判断をしたときに、修正するのが難しくなり後戻りもしにくくなる。「なんとかなるさ」と思っていれば、たとえ失敗してもショックやダメージが少なくて済むし、すぐに気を取り直して別の選択をしやすくなる。そしてなにより、「なんとかなるさ」と思えれば、それだけ楽しいことに出会う可能性が高くなる。これだけは間違いない。

不安や怖さを感じるのは、
決して恥ずかしいことではない。
むしろ当然である

セルフコントロールとは身体的なコンディションだけではなく、自分の精神をもコントロールすることである。

不安や怖さを感じるのは、決して恥ずかしいことではない。むしろ当然である。そのときに大切なのは、自分の弱さと向き合い、外から自分を見ている「もうひとりの自分」と対話することだ。それを繰り返していくうちに、弱い自分をコントロールできるようになる。それがセルフコントロールということだ。

そもそも、「こうなりたい」という願望や目指すべき理想をもたない人間が、不安を抱えたり、絶望に陥ったりするものだろうか。「こうなりたい」という気持ちがなければ、不安も絶望も感じるわけがない。そして、そういう不安や絶望を乗り越えていくことで、初めて強い自分と出会えるものだ。

人は自分の弱さと葛藤することで強くなる――。それを繰り返すことで、新しい自分を発見することができる。逆に言えば、不安やコンプレックスに苛《さいな》まれ「自分を弱い」と感じたときこそ、強い自分に変われることができるチャンスなのだ。

不安や弱さが人間を成長させる

「不安を抱えている自分」「弱さをもっている自分」のことを、ネガティブだと否定的に捉える人が多い。

　しかし、弱い自分とは、否定されるべきものなのだろうか。わたしは決してそう思わない。

　それどころか、不安や弱さは、人間をもうワンステップ成長させるための大切な要素ではなかろうかと考える。

「強い個」の確立は、弱い自分と向き合うことからはじまる。

状況によっては、問題を先送りしてもいい

どうしても突破口が見つからないとき、あるいは緊急に解決を迫られていない問題なら、少し時間をおいて違う状況で考えてみるといい。

わたしは、状況によっては問題を先送りしてもかまわないと思っている。それは決して逃げたことにはならない。

近い将来の自分は、先送りするときの自分とは、物の見方や思考方法が変化しているかもしれない。それならば、近い将来の自分に考えさせてみることも一案ではないだろうか。

開き直ることも大切だ

できないことは仕方がないと、いい意味で腹をくくる。そうすれば、できることだけに自分の力を集中させ、自分のもてる力を効率よく使うことができるようになる。

その意味では、ときには開き直ることも大切だ。どうにもならない状況に対して、なんとかしようともがき苦しむのはいい。徹底的に苦しんだほうが、むしろプラスになる場合が多い。だが、どうしても状況が好転しないときは、どこかで「まあ、いいか」と思考を断ち切ってしまったほうが違った視点や発想が生まれる可能性が高くなる。

失敗のなかから学ぶことは、想像以上に多い

日本人は、「勝ちたい」という意欲より「失敗したら恥だ」という意識がどうしても先に立つ性質をもっている。それが大舞台で日本がなかなか結果を出せない最大の理由ではないか。

恥の意識を捨て去ることができない選手やチームは、世界という舞台で結果を出すことはできない。なぜなら、恥という意識はあくまでも外に対するもので、自分自身には向かっていないからだ。

日本人は負けた原因を内面の問題として捉えることが不得手である。自分に対して厳しい判断ができず、外部に求めてしまう。しかしそれでは本当の実力は身につかない。これはスポーツだけに限らないことだ。

ではどうすれば、恥の意識から脱却できるのか？　それは、失敗しても恥ずかしくないと思えるかどうかにかかっている。

そうした経験を積むことは、むしろ人間の成長においてとても大切なことだ。

失敗のなかから学ぶことは想像以上に多い。そして失敗の原因を分析・反省し、改善していくことが次の成功につながっていく。

我慢すんな。押されろ

大学4年生のとき、大学選手権3連覇のかかった慶応大学との決勝戦で、相手に押し込まれた場面で、わたしはメンバーにこう声を掛けた。

「我慢すんな。押されろ」

下手をすると選手の士気さえ下げかねない言葉だが、無理なプレーをして反則を取られるほうがチームは苦しくなると思った反面、「失敗したら、しゃーない。取り返せばいい」という余裕、前向きな思考がわたしのなかにあったのだ。

だからこそ追い込まれても、冷静さを失わずになんとかピンチを脱し、逃げ切って勝利することができたと思っている。

DURC

思考や目線の切り換えが、大きなきっかけになる

壁にぶち当たって、苦しんだり、悩んだりしたとき、逃げることなくやる気をかきたてるには、まずは置かれた状況を冷静に見つめなければならない。そして悲観的にならずに、ポジティブに物事を捉えて思考や目線を切り換えることが重要なカギになる。そうすることで、次なる新たな方向性を見出すことができるのだ。

思考や目線を切り換える行為は、その人間が殻を破り、ひと皮むけるための、「強い個」を獲得するための大きなきっかけになる。

自己の確立は、自分を見つめることからはじまる

世界で戦う場合、自己の確立は当然のことであり、そこからさらにどうオリジナリティを打ち出していくかが勝負になる。

自己の確立とは、自分を見つめることからはじまる。正面から自分の弱さと向き合い、その弱さを追求していく。そうすると弱い自分を見つめているもうひとりの自分が現れる。「自分はこんなことができないんだ。恐れているんだ」と気づいたとき、そこに立ち向かっていくように励ますもうひとりの自分を発見する。これが新しい自己の発見である。

スピーディーに
なればなるほど、
求められるのは
状況判断を
速やかに行う能力だ

ラグビーとは、攻守が頻繁に入れ替わり、つねに状況が変化するゲームである。スピーディーになればなるほど、求められるのは状況判断を速やかに行う能力だ。

多様な局面が頻出するゲームでは、瞬時の判断が必要とされる。個々のスキルはもちろんのこと、変化にいかに速く対応できるか、つまり変化を予測する能力が必要とされるのだ。

予測は、状況を読み取ることからはじまる——。現場での情報収集をさらに予測にまで高める能力、情報収集からその処理までのスピードが問題になる。

しかも、ゲームがはじまれば、野球などとは違い、監督はグラウンドにいる選手に指示を出すことができない。選手個人が判断し、プレーの選択をしながらゲームを進めなければならないのだ。

相手も動き、自分自身も動いているなかで判断し、アクションを起こしていかなければならない。素早い動き以上に、判断力の速さが重要になってくる。その瞬時の攻守の入れ替わりと、その場面に応じてどう対応するのか。

ここにこそ、ラグビーの本質がある。

自分に都合よく見れば、ネガティブをポジティブに変えられる

どうなるのかよくわからない状況にビクビクするより、そうならない方法を考えるほうがはるかに効率的だ。物事というのは、結局のところ捉え方次第なのである。

自分を座標軸にして物事を捉える。自分に都合よく見れば、ネガティブをポジティブに変えることもできる。もちろん、失敗の原因を検証し、反省することは大切だ。だが、いくら考えても「過去」を変えることはできない。しかし「未来」は変えられる。ならば、未来を変えるほうに力を使ったほうがはるかに有益ではないか。

「やらなければならないこと」の他に、「やれること」と「やりたいこと」がある

日本的なやり方、考え方のなかにも、いい点はたくさんあり、そういうものはどんどん生かしていくべきだ。ただし、日本の組織がもっている窮屈さだけはなんとかしなければならない。

なぜ、日本の組織には窮屈さがあるのか。それは、「やらなければならないこと」が圧倒的に多いからだ。組織だけではなく、社会全体がそうなってしまっている。

人には本来、やらなければならないことの他に「やれること」と「やりたいこと」がある。この3つをうまくつなぐことができれば、わたしは窮屈さを軽減できると考えている。

最初は、「やらなければならないこと」をやるのは本人にとってもしんどいことだろう。ただ、それを我慢して続けるうちに少しずつできるようになる。そうするとおもしろくなってきたり、結果、誰かが喜んでくれたりすれば、今度は自分がうれしくなってくる。

気がついたらやれるようになり、それが自分のやりたいことに変わっていくことだってある。つまり、勉強でも仕事でもいいから、やらなければならないことを、やれること、やりたいことに変化させればいいのだ。

「知っている」だけでは、専門性にはならない

仕事において専門性を高めることは、自分に求心力をもたせるうえで、とても大事なことだ。

たとえばスポーツチームの監督は、その競技について選手よりもより広い知識や知見、情報をもっていなければならないし、リーダーはより専門性に長《た》けていなければならない。

しかし、情報化が進んだ社会での知識は、誰もが得ようとすれば得ることができる。つまり、誰もが知り得る知識は、さらに深めたものでなければ専門性にはならない。

そして、その専門性には裏付けが必要であり、リアリティを感じさせることが重要になってくる。

言い換えれば、「知っている」だけでは専門性にはならない。わかっていなければならないのだ。

「知った」ことを、それまでの経験などもつけ加えながら、自分のなかで自分の言葉として置き換え、「わかる」に変換させなければ、専門性を高めたことにはならない。

理屈ではなく、
経験そのものが
技術につながる

1999年の第4回ワールドカップ直前の『エプソンカップ・パシフィック・リム選手権※』で、日本代表は4勝1敗の好成績を残すことができた。わたしも監督として、日本のラグビーがいままでにない境地にきたと感じたものだ。コンスタントに5試合を戦い抜くことができたのは、すごくタフでなければできなかったことであり、地力がついてきた、強くなってきた、と。

そして、いちばんの収穫が粘り強くなったことだった。この数年の、ハードでタフなゲームを経験してきたことによって、選手個々人が、なにが必要かを学習してくれた。理屈ではなく、経験そのものが技術につながってきたのだ。

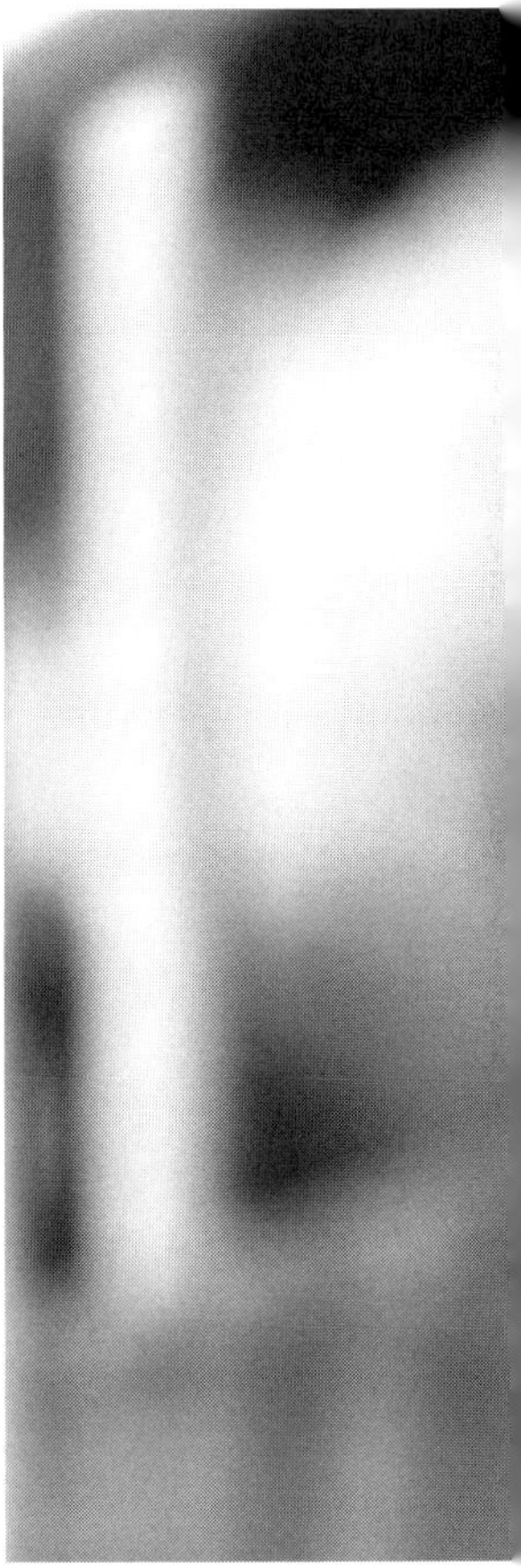

※パシフィック・リム選手権（環太平洋選手権）　1996年、日本・アメリカ・カナダ・香港の4協会でパシフィック・リムとしてスタート。その後、トンガ・フィジー・サモアが加わる。1999年より、セイコーエプソンが冠スポンサーとなるが、2001年を最後に終了した

「おもしろい」と思えなければ、主体性は芽生えない

わたしは小さい頃から、多くのことを自分自身で決断してきた。自分で決めたからこそ、どんなときでも頑張れたといってもいい。自分の意思が反映されないと、人は最後の最後で頑張れないものだ。また、自分にとって「おもしろい」と思えなければ、主体性や実行力は芽生えてこない。それをどうやって自分自身で発見させ、感じさせることができるかが教える側の能力でもある。

主体性を引き出すには、常日頃から考える習慣を身につけなければいけない。だからこそ、教える側は、教わる側が自分で考えるような状況をいくつもつくってやることが重要なのだ。

自分の頭を働かせ、どうしたらいいか考えろ！

勉強の偏差値というのは、評価の尺度におけるたったひとつのものに過ぎない。

偏差値よりも重要なのは、思考力、リーダーシップ、協調性という人間的な感覚だ。

そういった人間になるためには、自分の頭を働かせて、どうしたらいいかを考えることがスタートになる。目標を立て、実現するためにやらなければならないことをリストアップし、優先順位をつける。

まずは、それができるかどうかだ。

人間はうえを目指す習性がある

異なる特性をもつ選手全員を、同じレベルにするのは無理だ。それよりも必要なのは、それぞれの個性を伸ばすことである。全員がまんべんなく平均的にできても、外国には勝てない。これは勉強も同じで、全科目平均的にできるより、得意な科目を伸ばすほうが断然いい。

人間はうえを目指す習性がある。だから長所を伸ばしていけば、自分でダメなところがわかってくる。「他も頑張ろう」と思ったら、結果的に全体も良くなることは言うまでもない。

人に興味がある。
「われ以外みなわが師」

子どもの頃の食卓で、祖父はひいきの力士が負けただけで機嫌が悪くなった。どこか理不尽に感じながらも、「空気を読んで、今夜は騒いだらいかんな」と、初めて人との接し方を覚えた。

伏見工業高校時代の恩師である山口良治先生には、対戦相手を軽く見たような試合をしたとき、「力は使い果たさなかったら増えない」と叱られたものだ。

全力で乗り越えてこそ、思いがけないことは起きる。神戸製鋼ラグビー部で日本選手権7連覇を達成した直後、阪神・淡路大震災が起こり、グラウンドが長期間使えなかった。だからこそ、「震災を言い訳にするな」とみんなに言い続けた。そうできたのも、本当に多くの人に出会い、どんな人からも、多くのことを教えてもらったからだと思う。

振り返れば、きっとわたしは人に興味があるのだと思う。『宮本武蔵』の著者・吉川英治の言葉に「われ以外

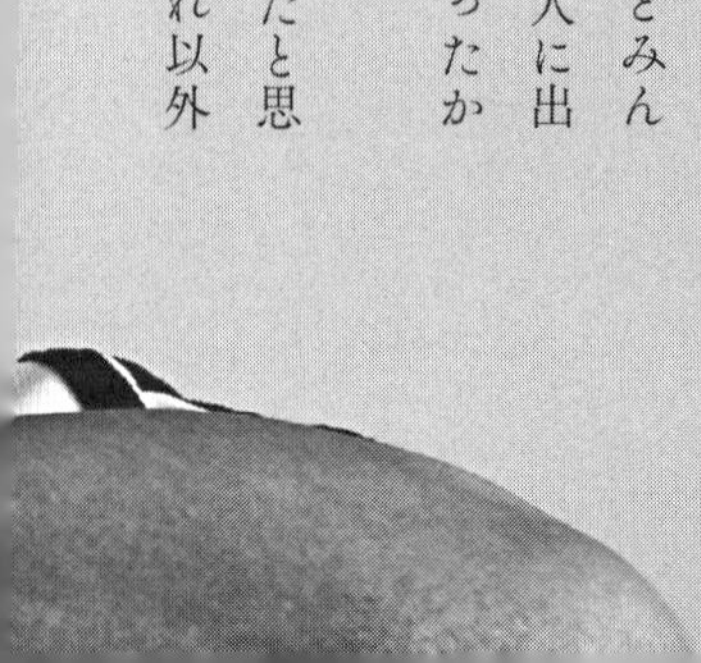

みなわが師」というのがあるが、まさにその通りだ。
人生にあった多くの出会いに、わたしは心から感謝している。

特別寄稿

家族への言葉

平尾恵子

平尾とは、生涯にわたり喧嘩《けんか》をしたことがありません。こんなことをわたしが言うと「喧嘩するほど一緒におれへんがな」という彼の声が聞こえてきそうですが、とにかくいつもおおらかで愛情深い人でした。

あるとき地方での試合を観に行くときに、車を運転していたわたしが高速道路の降り口を間違えて、飛行機に乗り遅れたことがありました。大切な約束事を守れなかったことに動揺し、謝るわたしに平尾はこう言ったのです。

「これは乗るなってことやな。気にせんでええよ。あとはこっちでなんとかするから」

起こってしまったことに対してくよくよするのではなく、その後どう対処するべきかを考える人でした。

病気が発覚したときでさえ、まるで動じることなくその事実を受け止めていました。何事もなかったように仕事をこなし、家では読書をしたり、お笑い番組を観たり、いつものように冗談を言ってよく笑って過ごしました。その姿にわたしと子どもたちが逆に励まされていました。

平尾は忙しいなかでも家族のことはとても大切にしてくれていました。一緒に過ごした時間は少ないけれど、家族で過ごしているときはいつも会話が絶えることはなく、子どもたちのどんな話でも最後まで真摯《しんし》に聞き、質問をされるとなんでも答えていました。子どもたちに自分の価値観を押し付けることはありませんでしたが、よく言い聞かせていたことは、「人を貶《おとし》めるようなことはしてはいけない。いつも謙虚で、決して傲慢《ごうまん》になってはいけない。あとは人に迷惑をかけずに元気でいてくれたら、それだけで親孝行だ」ということです。

平尾にとっては、それだけで十分だったのでしょう。

娘が小学校低学年のときに、図らずも平尾の前でわたしが娘を叱っていたことがありました。叱っている最中、平尾はずっと黙って聞いていましたが、ふたりになったときに叱り方を指摘されたのです。叱る時間は短く。叱り終わったらあとを引かない。八方塞がりにして叱ってはいけない。絶対に心を傷付けてはいけない。叩《たた》いてもいい。身体の傷は癒えるけれど、心の傷は癒えることがないんだ、と。

そのように言ったことを、山中伸弥さんが仰られた〝人を叱るときの4つの心得〟を拝聴しながら思い出していました。若い頃から変わっていなかったのです。

娘が平尾に結婚したい人がいることを報告したときは、「自分で選んだ人と結婚するのが一番や」と言い、会ったこともない娘の恋人のことをすぐに受け入れ、心から喜んでいました。娘のことを信用していたのだと思います。

初めて両家で食事をしたときは、皆の緊張を解こうとしたのかこんなことを話していました。

「人は、親も子ども選ぶことはできないけれど、結婚する相手だけは自分で決めることができる。自分は自分で選んだ妻のことを誰よりも大切にしてきたし、子どもというのは自分が選んだ人に付いてきたおまけみたいなものなんだよ」

自分の娘を「おまけみたいなもの」という台詞に一瞬ドキッとしましたが、娘のことを一番大切にしてほしいという遠回しなメッセージは平尾らしいなと思いながら隣で聞いていました。

愛娘の結婚式でバージンロードを一緒に歩く平尾氏

結婚式でバージンロードを一緒に歩く平尾の満面の笑み。このわずか数カ月後にあのような宣告をされるなどとは想像だにしていませんでした。娘夫婦には父親としてあのような輝く笑顔になる場面をつくってくれたことを心から感謝しています。

あるときわたしが、「男の子がピアノを弾けたら素敵だと思わない?」と、息子にピアノを習わせたいと話したら、彼はこう言いました。

「それはあいつがやりたいと言ったのか? 夢は親が見るものじゃなくて子どもが見るものやで。君がさせたいだけやったらやめとき」

息子が高校1年時に交換留学で1年間アメリカへ留学しましたが、交換留学の期間を終えた後に、そのままアメリカの高校へ転校したいと言い出しました。

娘の結婚のときもそうでしたが、息子のときもやはり自分で決めたことであればひとりの人間としての選択を尊重する父親であり「お前が決めたことなら、どんなことでも応援するよ」。そんなふうにさらりと言いました。

もしあのとき、別の選択をしていれば、こんなことにはならなかったのではないか。あのとき、あのとき……わたしたちのような経験をした者なら必ず思うことがあるでしょう。平尾の病気が発覚してから、わたしと子どもたちは何度も何度も過去を振り返り、多くのことを悔やみました。しかし、いろいろなことを悔やんでしまうわたしたちとは正反対に、彼は過ぎた過去に対して「もしも あのとき〜」「〜だったら……」というような言葉を口にすることは一度もありませんでした。

いつも過ぎたことにはとらわれず、いまできることはなにかを考え、究極なときでさえブレない人でした。

「飛ばし過ぎたな〜。でもいままで一度も妥協したことがないんよ。いつも全力でやってきたから、後悔することはなにもない。もしもまた生まれ変わったとしても、やっぱり同じ生き方をする。こんなふうに生きさせくれた君に本当に感謝してる。ありがとう」

そのように言いました。

「君のありがとうは、二足三文やな」。よく平尾に言われました。「ありがとう（有難う）って、有ることが難しいことを言うんやで。もっと価値のあるありがとうを言わんと」と。

わたしたち家族はあなたに出会えて幸せでした。

心を込めて、

〝ありがとう〟

参考文献・資料

『求心力 第三のリーダーシップ』（PHP新書）
『理不尽に勝つ』（PHP研究所）
『型破りのコーチング』（PHP新書／金井壽宏 共著）
『人は誰もがリーダーである』（PHP新書）
『気づかせて動かす 熱情と理のマネジメント』（PHP研究所／山口良治 共著）
『勝利のチームメイク』（日経ビジネス人文庫／岡田武史・古田敦也 共著）
『「日本型」思考法ではもう勝てない』（ダイヤモンド社／対談者：河合隼雄・古田敦也・金井壽宏）
『「知」のスピードが壁を破る 進化しつづける組織の創造』（PHP研究所）
『平尾誠二、変幻自在に』（毎日新聞社／早瀬圭一 著）
『平尾誠二 最期の挑戦』（講談社文庫／早瀬圭一 著）
『イメージとマネージ』（集英社文庫／松岡正剛 共著）
『勝利を支配するもの』（講談社／佐藤純朗 文）
『勝者のシステム　勝ち負けの前に何をなすべきか』（講談社）
『別冊ラグビーマガジン』（ベースボールマガジン社）
読売新聞
産経新聞

平尾誠二
人を奮い立たせるリーダーの力

2017年4月 6 日　第1刷発行
2017年4月27日　第3刷発行

マガジンハウス編

発行人　石﨑 孟
発行所　株式会社マガジンハウス
〒104-8003　東京都中央区銀座3-13-10
書籍編集部　☎03-3545-7030
受注センター　☎049-275-1811

構成　岩川悟、前田拓（株式会社Cowboy Song）
編集協力　洗川俊一、佐藤勍省

装丁・本文デザイン　保多琢也（株式会社Vamos）

写真提供　アフロ（アフロ、アフロスポーツ、築田純/アフロスポーツ、水谷章人、山田真市、中谷吉隆、Press Association、日刊スポーツ、読売新聞、毎日新聞社、Colorsport）

印刷・製本　凸版印刷株式会社

ISBN978-4-8387-2918-0 C0095